제5판

영화와 법률산책

최 명 구

Movies and Legal Walk

法 文 社

제5판 머리말

지난해 '영화와 법률산책'을 교재로 하는 수업 후 쉬는 시간에 한 학생이 다가와, 자신이 재미있고, 감명 깊게 본 영화 두 편 '기생충'과 '범죄도시2'가 교재내용에 없다고 하면서, 영화의 내용과 관련법을 매우 신나게 얘기한 것이 오랜 기간 뇌리에 있었습니다. 이 기억을 잊지 않고 이번 교재내용 개편에 해당 영화를 삽입하였습니다.

즉, 이번 개정판에 2019년 개봉되고, 2020년 아카데미 4개 부문 수상을 한 '기생충(Parasite)'과 2022년 5월에 개봉하여 천만 이상의 관객이 관람한 '범죄도시2(The Roundup)'의 영화 줄거리 및 관련법률 내용을 삽입하였습니다. 아울러 기존 내용의 수정할 부분도 함께 이루어졌습니다.

끝으로 본서의 내용을 통하여 한국영화의 재미와 다소 관련 법지식 및 법정보를 얻을 수 있기를 기대합니다.

2024년 7월 20일
서울 용산 서재에서

최명구 드림

제4판 머리말

한국영화 '기생충(Parasite)'의 제92회(2020년) 아카데미 4개 부문 수상에 이어, '미나리(Minari)'에서 열연을 한 윤여정 배우가 제93회(2021년) 아카데미여우조연상을 수상하고, 세계 3대 국제영화제 중 하나인 제71회(2021년) 베를린영화제에서 홍상수 감독이 연출한 '인트로덕션(Introduction)'이 각본상, 또한 제72회(2022년) 베를린영화제에서는 홍상수 감독의 '소설가의 영화(The Novelist's Film)'가 심사위원대상을 수상하는 등 K-영화가 어느 때보다도 세계적 관심을 끌고 있다. 그 밖에 세계적으로 유명한 미국 텔레비전 예술과학 아카데미가 주는 상인 제74회(2022년) 에미상(Emmy Award) TV드라마 부문에서 드라마 '오징어게임(Squid Game)'의 황동혁 감독이 감독상을, 이정재 배우가 남우주연상을 받아 더 한층 K-드라마의 위상을 세계적으로 알리게 되었다. 이는 K-무비의 탄탄한 콘텐츠와 훌륭한 연출 그리고 뛰어난 연기력을 세계적으로 입증한 것이라고 할 수 있다.

이번 개정판에서는 2022년 7월 현재 두 번째로 많은 관객이 관람한 '극한직업(Extreme Job)'과 실화를 바탕으로 하여 구성하고 세간의 이목을 집중시킨 '재심(New Trial)'을 추가하였다. 아울러 기존 내용의 수정도 함께 이루어졌다.

계속 이어지는 독자들의 높은 관심에 감사드리며, 이에 부응하기 위하여 끊임 없이 최선을 다하겠습니다.

2023년 1월 5일
대연동 연구실에서

최명구 드림

제3판 머리말

우선 한국영화의 걸작 중에 걸작인 봉준호 감독 작품인 "기생충 (Parasite)"의 2020년 2월 개최된 제92회 아카데미 4개 부문 수상을 지면을 통해 다시 한번 진심으로 축하드립니다. 이는 다시 찾아오기 어려운 사건으로, 한국영화를 사랑하는 팬의 한 사람에게는 잊을 수 없는 감동이었습니다.

한국영화만을 내용으로 한 본 교재로 수업을 진행하면서 좀 더 다양한 영화와 관련된 법률산책을 구성하기 위해서는 다양한 장르의 영화가 필요함을 느꼈습니다. 하지만 제한된 지면 내에서 독자들의 바램을 모두 담기가 어려워 이번에는 현 교재 내용의 일부를 다른 영화로 대체하여 해당영화에 맞는 법률산책을 제공하게 되었습니다. 아울러 기존 교재에 대한 수정도 함께 이루어졌습니다.

앞으로도 계속 독자들의 높은 관심에 부응하기 위하여 최선을 다하겠습니다.

끝으로 본서의 내용을 통하여 좀 더 유익한 법률정보를 쉽게 접하기를 기대합니다.

2020년 7월 31일
대연동 연구실에서

최명구 드림

제2판 머리말

　종합예술인 영화 속에 법률문제를 찾아내는 것은 어려운 문제이며, 그 법률문제를 일반 독자들이 일상생활 속에서 쉽게 이해할 수 있도록 내용을 구성하는 것은 더욱 어려운 문제인 것으로 생각됩니다.

　처음에는 위와 같은 문제점을 해결하기 위하여 전면적 개정을 염두해 두고 이런저런 시도를 하였으나, 미천한 능력과 개인적인 시간 부족으로 인하여 다음으로 미루기로 하고, 이번에는 단순히 수정하고 약간의 내용을 개정하는 수준으로 보완하였습니다.

　앞으로도 계속 독자들의 높은 관심을 기대하며, 그 기대에 부응하기 위하여 최선을 다하겠습니다.

　끝으로 본서의 내용을 통하여 다소나마 각자의 행복시간이 더 오래되길 기대합니다.

2019년 7월 17일

대연동 연구실에서

최명구 드림

머리말

영화는 초기에는 단순히 이미지의 연속된 작품으로서 '활동사진'이라고 불리기도 하였다. 그러나 오늘날 영화는 음악, 무용, 과학, 연출, 연기 등 다양한 예술분야의 총합적 결과물이라고 할 수 있다. 아울러 영화에는 이야기가 담겨있고, 그 속에서 의미를 찾기도 한다. 그리고 영화 속의 이야기를 이해하기 위해서는 우선 영화의 줄거리를 먼저 파악하는 것이 일반적이다. 영화의 줄거리와 영화 속의 이야기는 경우에 따라서는 문학작품으로서의 가치를 가지기도 한다.

본 저서는 영화의 줄거리를 알아가면서 영화 속에 담긴 이야기와 관련된 법률 및 그 내용을 편하게 영화의 감상과 더불어 관련법률지식을 이해할 수 있도록 영화의 줄거리와 관련법률산책으로 구성하였다.

먼저, 영화의 줄거리를 소개하기 위해 어쩔 수 없이 영화의 장면이 담긴 이미지를 제시할 수밖에 없었다. 따라서 본서에 담은 이미지는 본서의 내용을 이해하기 위한 최소한의 인용임을 밝혀둔다. 왜냐하면 이미지를 영상화한 영화의 내용과 줄거리를 이해하기 위해서는 줄거리와 그 내용에 해당하는 글 및 최소한의 관련 이미지가 제시되어야 하기 때문이다.

둘째, 법률산책에서는 해당 영화와 관련 법률내용을 해당 영화의 줄거리 또는 영화 속 이야기를 통해서 쉽게 이해하도록 전개하였다. 마치 나그네가 법률정원에 산책 나온 것처럼 가볍게 관련 법률내용을 이해하기를 바란다. 그러나 법률이라는 전문영역 때문에 경우에 따라서 다소 어렵게 느낄 수 있지만 자꾸 접하다 보면 친하게 느끼고 이해할 것으로 생각된다.

끝으로 본서의 내용을 통하여 영화라는 종합예술을 감상하고 그 영화 속에서 관련법률에 대한 지식을 덤으로 얻어가기를 기대한다. 아울러 영화와 법의 접목이 사람의 생각을 넓게 하고, 삶을 행복하게 할 수 있기를 소망한다.

2017년 7월 30일
대연동 연구실에서

최명구 드림

차 례

극한직업

코미디 · 액션/한국/111분/2019.1.23. 개봉

감독 이병헌

출연 류승룡(고 반장). 이하늬(장 형사). 진선규(마 형사). 이동휘(영호). 공명(재훈).
　　 신하균(이무배) 등

15세관람가

Extreme Job, 2019

불철주야 달리고 구르지만 실적은 바닥. 급기야 해체 위기를 맞는 마약반! 더이상 물러설 곳이 없는 팀의 맏형 고 반장(칼과 총을 맞아도 생존하는 능력을 갖은 좀비 같은 존재)은 국제 범죄조직의 국내 마약 밀반입 정황을 포착하고 장 형사(반원 중 유일한 여자, 무에타이 동양챔피언 출신), 마 형사(유도 국가대표 출신), 영호(UDT 출신), 재훈(야구부 출신으로 맷집이 강함)까지 4명의 팀원들과 함께 잠복 수사에 나선다. 마약반은 24시간 감시를 위해 범죄조직의 아지트 앞 치킨집을 인수해 위장 창업을 하게 되고, 뜻밖의 절대 미각을 지닌 마 형사의 숨은 재능으로 치킨 집은 일약 맛집으로 입소문이 나기 시작한다. 수사는 뒷전, 치킨장사로 눈코 뜰 새 없이 바빠진 마약반에게 어느 날 절호의 기회가 찾아오는데…

범인을 잡을 것인가. 닭을 잡을 것인가!

줄거리

극한직업

열정은 넘치지만 실적은 제로인 마포경찰서 마약반. 어느 날, 마약 밀수 중 간책인 환동이 도박을 하던 현장을 불시에 습격하는데, 눈치를 챈 환동은 한 여성의 차를 뺏어 타고 도망치려다 오히려 여성에게 당한다. 추격전이 계속되고, 마 형사가 매우 여유롭게 스쿠터를 타고 가볍게 제압했으나, 역으로 환동에게 전기충격기로 제압을 당한다. 도망치던 환동은 마을버스에 치여 전치 14주 판정, 그리고 그 때부터 16중 추돌사고가 일어난다.

　　대형사고를 치고도 화기애애한 마약반에게 경찰서장은 질책을 한다. 그러던 중 강력반 최 반장은 과장으로 승진한다. 최 과장이 고 반장에게 준 "마약계 거물인 이무배의 국제 마약조직 밀수정황"의 정보에 기초하여, 마약반은 다음 날부터 아지트 부근에서 잠복근무를 하면서, 좌충우돌 여러 작은 해프닝이 벌어진다.

　　이후 마약반은 보는 눈을 피하기 위해 할 수 없이 아지트 앞 건물에 있는 치킨 집에서 일주일 동안 삼시세끼 치킨만 먹으며 정찰하게 된다. 그리고 마침내 이무배와 조직원의 정황을 포착하지만, 이를 지켜보던 치킨 집 사장이 뭐하냐고 묻는 바람에 눈치게임으로 무마하는 사이 이무배 일당은 사라져버린다. 그 아지트에 들어가는 방법을 고민하던 중 배달부가 너무도 쉽게 안으로 들어가는 것을 보고는 사장에게 혹시 이 가게도 배달이 되냐고 묻고, 문제의 앞 건물에서만 배달을 시킨다는 사실을 알게 된다. 더더욱 확신을 가진 그들은 다음 배달 전화가 들어오면 자신들이 배달을 가겠다고 부탁한다.

　그런데 그 가게는 장사가 안 되어 팔려고 내놓은 마지막 날이어서 제대로 잠복수사를 할 수가 없게 된다. 이에 막내 재훈이 대뜸 자신들이 가게를 인수하겠다고 말해버리자, 팀원들은 처음엔 무시했지만 곰곰이 생각해보니 괜찮은 아이디어라고 결론을 내린다. 다만 지금 마약반의 행태로는 경찰청에서 거액의 지원금을 받아올 가능성이 없는 상황이다.

　하지만 고 반장은 실적을 올려 생계를 책임져야 했고, 서장은 실적 없는 마약반을 해체시키고 고 반장을 다른 팀으로 보내려고 한다. 이에 고 반장은 퇴직금을 전부 털어 아예 치킨 집을 인수한다. 처음에는 찾아오는 손님을 재료가 없다고 돌려보내지만 자꾸 이런 핑계를 대는 것도 이상하여 아예 팀원이 치킨 집을 운영하기로 한다.

　마약반 반원들이 서로 치킨을 만들어 시식을 한 결과, 마 형사(전 국가대표 유도선수)의 치킨이 의외로 너무 맛이 있었다. 사실 마 형사의 본가가 오랫동안 수원에서 갈비집을 하고 있어서 요리솜씨가 있었던 것이다. 처음엔 후라이드 치킨만 했으나 양념치킨 주문을 받아 급한 대로 갈비양념을 입혀 '수원왕갈비 통닭'을 출시하게 된다.

  치킨 집은 의외로 입소문을 타고 많은 사람들이 몰려와 수사는 뒷전이고, 눈코 뜰새 없이 치킨 집을 운영한다. 하루에 300만원에 달하는 매출을 올린다. 점점 치킨 집이 유명해지면서 유명맛집 방송 PD가 무료 홍보해주겠다고 하지만 잠복근무 형사들이 운영하는 사실이 알려질 것이 두려워 제안을 거절한다. 때마침 치킨 집에 걸려온 주문 전화에 고 반장은 "지금까지 이런 맛은 없었다. 이것은 갈비인가 통닭인가? 예 수원왕갈비통닭입니다"라는 유명한 멘트를 남긴다.

  한편 정신없이 치킨 집을 운영하던 중 잠복근무하던 영호(UDT 출신, 특공무술전문가)는 추격하던 이무배와 그 일당을 놓치는 일이 발생하기도 한다. 마약 조직의 두목인 이무배는 중간책인 환동이 체포되면서 유통에 어려움을 겪으면서 최대한 빨리 다른 유통경로를 모색한다.

　마약반의 치킨집은 가격을 마리당 3만 6천원으로 올리지만 황제치킨이라는 소문으로 오히려 손님이 더 늘게 되어, 결국 1일 50마리만 판매하기로 한다. 그 후 서장에게서 마약반 해체 소식의 전화를 받던 중 이지트에서 배달 주문이 와서 급히 건물에 진입했지만 실패한다. 고 반장은 해체의 현실을 직시하고 이참에 퇴직 후 치킨 집 운영으로 전업하는 생각도 한다. 그런데 설상가상으로 방송섭외 거절을 당한 PD의 음식고발방송과 업무시간 외 돈벌이 사실 등이 알려지면서 마약반 전원이 정직을 당한다.

　정직 중에 고 반장(좀비같이 칼과 총을 맞아도 지금까지 활동함)과 반원들은 열심히 치킨 집을 운영하던 중 정 실장의 프랜차이즈 제안을 받아들이고, 재기를 위해 최선을 다한다. 정 실장의 속내는 프랜차이즈 치킨 집을 이용해 마약을 유통하려는 것이었다. 결국 치킨 장사를 할 생각이 없는 마약 조직원들에게 넘어간 치킨 집 분점의 치킨은 맛도 없고, 불친절하다는 소문이 퍼지면서 위기를 맞는다. 이에 마약반은 분점의 직원을 조사하던 중 소분한 마약을 치킨 소금 봉지에 넣어서 팔고 있다는 것을 알게 되고, 마 형사는 안산 분점에서 마약 조직원들과 마작을 하던 중 싸움을 하다가 그 신분이 발각되고, 조직원들은 본점 직원이 형사라는 것을 알게 된다.

　다음 날, 입수한 마약을 확인하던 중 코로 흡입하여 취한 재훈(야구부 출신, 단련된 엄청난 맷집)을 데리고 마약반은 조직들에게 잡혀있는 마 형사의 위치를 추적한다. 한편 마 형사는 결박을 풀고 조직원들을 제압한다. 다른 한편에서는 이무배와 테드 창 일당들이 마약거래를 시도한다. 그 현장에서 마 형사는 스마트폰 앱으로 경찰 사이렌 소리를 울리는 기지를 발휘하고, 이무배는 테드 창과 그 부하들을 제압한 뒤 돈을 가지고 중국으로 도망가려 한다. 이 때에 마약반 반원들은 '수원왕갈비통닭' 봉고차를 타고 부둣가에 도착하고, 이어서 최 과장에게 지원을 요청한다.

　진압과정에서 고 반장은 재훈 대신에 이무배로부터 총상을 입고, 영호 등 형사들은 어렵게 제압된 마약 조직원들의 손발을 청테이프로 묶고, 고 반장은 바다 위 배에서 마약조직 두목 이무배를 제압한다. 결국 역대급 공로를 세운 마약반 반원들은 정직도 풀리고, 전원 일계급 특진한다.

🔅 마약류 범죄의 실제사례와 마약류 범죄에 관한 법률

1. 마약류 범죄의 실제사례(이연우, '마약류 범죄의 사례연구 및 문화콘텐츠를 활용한 예방과 인식 개선방안', 멀티미디어학회 제25권 제1호, 2022, 99쪽 이하)

많은 사람들이 마약류 복용을 의지가 약하거나 나쁜 성향을 지닌 사람들이 즐기는 불법적인 행위로 생각해 '나와 무관한 것'으로 인식하고 있다. 하지만, 마약류 범죄 문제는 특별한 사람들만의 이야기가 아님을 밝히고, 어느 날 나와 가족의 이야기가 될 수 있음을 실제 사례를 통해 알아본다. 다음의 사례들은 한국마약퇴치운동 대구본부 이향이 본부장과 김현아 부본부장, 이경랑 상담실장, 신우현(가명)재활 팀장의 인터뷰를 통해 취합한 내용임을 밝힌다. 인터뷰는 2019년 4월 12일 금요일 오후 2시 한국마약퇴치운동 대구본부 사무실에서 3시간 가량 진행된 것이다.

(1) 사례1. 임산부 – 화장품 방문 판매자를 통한 마약 중독

결혼 후 잦은 출장으로 집을 비우는 남편을 기다리며 늘 외롭게 살던 김현주(가명)는 화장품 방문 판매원과 우연히 친분을 맺게 되었는데, 어느 날 판매원은 피부에 좋다며 어떤 음료를 권했고 아무 생각 없이 받아 마신 김현주는 그때부터 마약에 빠졌다고 한다. 수년 후 판매원은 구속이 되었고, 당시 김현주는 임신 중인 것을 알면서도 마약을 끊지 못하고 지속적으로 투약했던 것으로 드러나 큰 충격을 주었다고 한다. 본인이 깊이 반성하고 있는 점, 임신 우울증으로 인해 투약한 점, 태중에 아기가 있는 점 등을 고려해 대구에서 '교육조건부기소유예'라는 제도를 마약류 사범에게는 처음으로 시행하게 된 사례이기도 하다. '교육조건부기소유예' 제도는 책임 있는 기관에서 일정 시간 동안 교육을 받으면 기소를 유예하는 제도이다.

(2) 사례2. 청소년 - 노래방 음료수를 통한 마약 중독

학업성적도 상위권이고 부모님 말씀도 잘 듣는 모범생 이원석(가명)군과 친구 3명은 고등학교 2학년 겨울방학을 맞아 시내에 있는 노래방에 방문했다. 그들 중 하나가 맥주를 마시자고 제안했고 노래방에서 판매하는 캔 맥주를 시켜 두세 개씩 마셨다고 한다. 그 날 이후 그들은 그 특별한 캔 맥주를 마시기 위해 그 노래방에 방문하는 횟수가 늘어났고, 고3 수험생이 된 이후 학업에 대한 스트레스 해소를 핑계로 더욱 방문 횟수가 잦아지자 노래방 주인은 아이들이 마약에 중독되었다고 확신하여 마약이 들어있음을 실토했다. 물론 이들 역시 마약을 끊지 못하고 지속적으로 투약하다 경찰에 의해 검거, '교육조건부기소유예' 처분을 받고 일정기간 교육 후 사회에 복귀하였다. 하지만 이원석은 단약에 성공하지 못한 채 수차례 마약 사범으로 교도소에 입소와 출소를 반복하며 살다가 마약 판매에까지 손을 대 현재 복역 중이다.

(3) 사례3. 성인 - 졸음 쫓는 약물 복용에 의한 마약 중독

고속도로 휴게소에 마련된 기사 전용 쉼터에서 잠시 눈을 붙이고 일어난 화물차 운전기사 김준교(가명)에게 평소 휴게소를 이용하며 안면을 트게 된 동료 기사가 '졸음 쫓는 특효 약'을 권했다. 자신도 즐겨먹는 약이라고 소개한 탓에 아무런 의심 없이 복용하게 되었다. 그 후 김준교는 이틀씩 밤을 새고 운전을 해도 아무렇지 않은 자신의 상태를 보며 의심도 생겼지만 약효를 잊을 수가 없어 그 휴게소를 찾아가 동료 기사에게 특별한 그 약을 건네받아 몇 차례 더 복용했다. 자신이 복용한 것이 마약이라는 것을 깨닫게 되었지만 이미 중독된 후라 끊을 수가 없었고, 동료 기사에게 원망을 쏟아내며 주먹다짐까지 했다. 2년 가까이 마약에 중독되어 더 이상 화물차를 운전할 수도 없고, 이혼까지 하게 된 상황에서 스스로 한국마약퇴치운동 대구본부에 찾아와 도움을 요청한 김준교는 3년째 단약에 성공 중이고, 지속적인 교육을 받으며 마약의 유혹에서 벗어나기 위해 노력하고 있다.

(4) 사례4. 성인 - 호기심에 의한 마약

중도고등학교를 졸업하고 평범하게 직장생활을 하던 신우현(가명)은 평소 가족같이 지내던 형으로부터 살려달라는 다급한 전화가 걸려와 급히 형이 있는 강가로 달려갔다. 그곳에서 만난 형의 모습은 평소와는 달랐다고 한다. 성실하고 착하다고만 생각했던 형이 알아들을 수 없는 말과 욕설을 뿜어내며 불안한 모습으로 누군가 자신을 죽이려 한다며 칼을 들고 휘젓는 통에 근처에 접근하지 못하고 안절부절 하는 사이 형은 강물 속으로 추락을 했고, 사망에 이르렀다고 한다. 이후 형이 필로폰 투약 후 환각 상태에서 벌어진 일임을 알았다고 한다. 장례식장에서 오열하던 신우현은 '도대체 마약이 뭐길래 저렇게 착한 형을 죽였나' 하는 호기심이 들었고 본인이 직접 해봐야겠다는 생각에까지 이르러 결국 중독되었다고 한다. 그는 15년 동안 중독자로 살다가 10년 이상 단약에 성공하여 회복자로서 한국마약퇴치운동 대구본부의 재활팀장으로 일하며 중독자들의 회복과 재활을 돕고 있다. 강선경 등은 단약에 성공적인 예후를 보이는 회복자들이 '당사자'이자 동시에 '전문가'로서 활동할 것을 제안했다. 단약경험은 단약을 희망하는 또 다른 회복자들과 공유되어야 할 필요성이 있다고 했다. 경험에서 비롯되는 회복자들의 삶은 중독자들에게 모델링이 되어 단약의 길을 찾을 수 있게 해주는 나침반 같은 역할을 한다는 것이다. 또한 이러한 전문가의 역할은 회복당사자에게도 지속적으로 단약을 이어가게 해주는 버팀목이 된다고 했다. 실제로 사례4.의 신우현(가명)은 '당사자'에서 '전문가'로서 활동하면서 가지게 되는 자부심과 주변의 응원이 큰 힘이 된다고 했다. 또한 신우현(가명)은 다음 장에 소개될 '뮤지컬 미션'에 출연하여 자신의 이야기를 공유함으로써 중독자들과 그들의 가족들에게 희망을 품고 도전할 수 있는 용기를 심어주는 역할을 담당하기도 했다. 그 역시 무대에 서기 위해 연습하는 시간을 통해 치유와 회복을 더욱 실제적으로 경험했다고 말했다.

2. 마약류 범죄에 관한 법률

(1) 형 법

형법 제17장 아편에 관한 죄(제198조 내지 제206조)에서 아편 등의 제조 등(제198조), 아편흡식기의 제조 등(제199조), 세관 공무원의 아편 등의 수입(제200조), 아편 흡식 등, 동(같은) 장소제공(제201조), 미수범(제202조), 상습범(제203조), 자격정지 또는 벌금의 병과(제204조), 아편 등의 소비(제205조), 몰수와 추징(제206조) 등을 규정하고 있다. 즉, 아편, 몰핀 또는 그 화합물을 제조, 수입 또는 판매하거나 판매할 목적으로 소지한 자는 10년 이하의 징역에 처한다(제198조). 아편을 흡식하는 기구를 제조, 수입 또는 판매하거나 판매할 목적으로 소지한 자는 5년 이하의 징역에 처한다(제199조). 그 밖에 형법 제200조에 해당하는 경우에는 1년 이상의 유기징역, 제201조의 경우에는 5년 이하의 징역에 처하고, 상습범의 경우(제203조)에는 위 형에 2분의 1까지 가중(제203조)하도록 하고 있다. 물론 미수범도 처벌한다(제202조). 그리고 제198조 내지 제203조의 경우에는 10년 이하의 자격정지 또는 2000만원 이하의 벌금을 병과할 수 있다(제204조). 아울러 아편 등을 소지한 자는 1년 이하의 징역 또는 500만원 이하의 벌금에 처한다(제205조). 물론 본죄에 제 공한 아편, 몰핀이나 그 화합물 또는 아편흡식기구를 몰수한다. 이를 몰수하기 불능한 때에는 그 가액을 추징한다(제206조).

한편 형법에 언급된 아편 등은 마약류 관리에 관한 법률 제2조제2 호가목에 '아편', 동법 제2조제2호라목에 따른 동법시행령 제2조제1 항의 별표1 16번인 마약(모르핀), 그 밖에 화합물 등도 마약류 관리에 관한 법률 제2조제2호라, 마, 바목에 의한 동법시행령에 자세히 별표 로 규정하고 있다.

(2) 마약류 관리에 관한 법률

1) 목 적

이 법은 마약·향정신성의약품(向精神性醫藥品)·대마(大麻) 및 원 료물질의 취급·관리를 적정하게 하고, 마약류 중독에 대한 치료·예 방 등을 위하여 필요한 사항을 규정함으로써 그 오용 또는 남용으로 인한 보건상의 위해(危害)를 방지하여 국민보건 향상과 건강한 사회 조성에 이바지함을 목적으로 한다(동법 제1조). 그러므로 마약류 관리에 관한 법률을 위반한 경우, 행정처분 부과(동법 제46조에 의한 과징금처분 그 밖 에 업무정지처분)와 제8장 벌칙에 형사처벌규정을 마련하고 있다.

그렇지만 마약류 불법거래에 관한 처벌은 '마약류 불법거래방지에 관한 특례법', 마약사범에 대한 가중처벌은 '특정범죄 가중처벌 등에 관한 법률 제11조'에 규정하고 있다.

이하에는 마약류에 관한 용어를 중심으로 언급한다.

2) 마약류에 관한 용어(마약류 관리에 관한 법률 제2조)

1. "마약류"란 마약·향정신성의약품 및 대마를 말한다.
2. "마약"이란 다음 각 목의 어느 하나에 해당하는 것을 말한다.
   가. 양귀비: 양귀비과(科)의 파파베르 솜니페룸 엘(Papaver

somniferum L.), 파파베르 세티게룸 디시(Papaver setigerum DC.) 또는 파파베르 브락테아툼(Papaver bracteatum)

나. 아편: 양귀비의 액즙(液汁)이 응결(凝結)된 것과 이를 가공한 것. 다만, 의약품으로 가공한 것은 제외한다.

다. 코카 잎: 코카 관목[(灌木): 에리드록시론속(屬)의 모든 식물을 말한다]의 잎. 다만, 엑고닌·코카인 및 엑고닌 알칼로이드 성분이 모두 제거된 잎은 제외한다.

라. 양귀비, 아편 또는 코카 잎에서 추출되는 모든 알카로이드 및 그와 동일한 화학적 합성품으로서 대통령령(동법시행령 제2조)으로 정하는 것

마. 가목부터 라목까지에 규정된 것 외에 그와 동일하게 남용되거나 해독(害毒) 작용을 일으킬 우려가 있는 화학적 합성품으로서 대통령령(동법시행령 제2조)으로 정하는 것

바. 가목부터 마목까지에 열거된 것을 함유하는 혼합물질 또는 혼합제제. 다만, 다른 약물이나 물질과 혼합되어 가목부터 마목까지에 열거된 것으로 다시 제조하거나 제제(製劑)할 수 없고, 그것에 의하여 신체적 또는 정신적 의존성을 일으키지 아니하는 것으로서 총리령으로 정하는 것[이하 "한외마약"(限外麻藥)이라 한다]은 제외한다.

3. "향정신성의약품"이란 인간의 중추신경계에 작용하는 것으로서 이를 오용하거나 남용할 경우 인체에 심각한 위해가 있다고 인정되는 다음 각 목의 어느 하나에 해당하는 것으로서 대통령령(동법시행령 제2조)으로 정하는 것을 말한다.

가. 오용하거나 남용할 우려가 심하고 의료용으로 쓰이지 아니하며 안전성이 결여되어 있는 것으로서 이를 오용하거나 남용할 경우 심한 신체적 또는 정신적 의존성을 일으키는 약물 또는 이를 함유하는 물질

나. 오용하거나 남용할 우려가 심하고 매우 제한된 의료용으로
만 쓰이는 것으로서 이를 오용하거나 남용할 경우 심한 신
체적 또는 정신적 의존성을 일으키는 약물 또는 이를 함유
하는 물질

다. 가목과 나목에 규정된 것보다 오용하거나 남용할 우려가 상
대적으로 적고 의료용으로 쓰이는 것으로서 이를 오용하거
나 남용할 경우 그리 심하지 아니한 신체적 의존성을 일으
키거나 심한 정신적 의존성을 일으키는 약물 또는 이를 함
유하는 물질

라. 다목에 규정된 것보다 오용하거나 남용할 우려가 상대적으
로 적고 의료용으로 쓰이는 것으로서 이를 오용하거나 남용
할 경우 다목에 규정된 것보다 신체적 또는 정신적 의존성
을 일으킬 우려가 적은 약물 또는 이를 함유하는 물질

마. 가목부터 라목까지에 열거된 것을 함유하는 혼합물질 또는
혼합제제. 다만, 다른 약물 또는 물질과 혼합되어 가목부터
라목까지에 열거된 것으로 다시 제조하거나 제제할 수 없
고, 그것에 의하여 신체적 또는 정신적 의존성을 일으키지
아니하는 것으로서 총리령(동법시행규칙 제3조)으로 정하는 것은
제외한다.

4. "대마"란 다음 각 목의 어느 하나에 해당하는 것을 말한다. 다
만, 대마초[칸나비스 사티바 엘(Cannabis sativa L)을 말한다.
이하 같다]의 종자(種子)·뿌리 및 성숙한 대마초의 줄기와 그
제품은 제외한다.

가. 대마초와 그 수지(樹脂)

나. 대마초 또는 그 수지를 원료로 하여 제조된 모든 제품

다. 가목 또는 나목에 규정된 것과 동일한 화학적 합성품으로서
대통령령(동법시행령 제2조)으로 정하는 것

라. 가목부터 다목까지에 규정된 것을 함유하는 혼합물질 또는 혼합제제

5. "마약류취급자"란 다음 가목부터 사목까지의 어느 하나에 해당하는 자로서 이 법에 따라 허가 또는 지정을 받은 자와 아목 및 자목에 해당하는 자를 말한다.

가. 마약류수출입업자: 마약 또는 향정신성의약품의 수출입을 업(業)으로 하는 자

나. 마약류제조업자: 마약 또는 향정신성의약품의 제조[제제 및 소분(小分)을 포함한다. 이하 같다]를 업으로 하는 자

다. 마약류원료사용자: 한외마약 또는 의약품을 제조할 때 마약 또는 향정신성의약품을 원료로 사용하는 자

라. 대마재배자: 섬유 또는 종자를 채취할 목적으로 대마초를 재배하는 자

마. 마약류도매업자: 마약류소매업자, 마약류취급의료업자, 마약류관리자 또는 마약류취급학술연구자에게 마약 또는 향정신성의약품을 판매하는 것을 업으로 하는 자

바. 마약류관리자: 의료법에 따른 의료기관에 종사하는 약사로서 그 의료기관에서 환자에게 투약하거나 투약하기 위하여 제공하는 마약 또는 향정신성의약품을 조제·수수(授受)하고 관리하는 책임을 진 자

사. 마약류취급학술연구자: 학술연구를 위하여 마약 또는 향정신성의약품을 사용하거나, 대마초를 재배하거나 대마를 수입하여 사용하는 자

아. 마약류소매업자: 약사법에 따라 등록한 약국개설자로서 마약류취급의료업자의 처방전에 따라 마약 또는 향정신성의약품을 조제하여 판매하는 것을 업으로 하는 자

자. 마약류취급의료업자: 의료기관에서 의료에 종사하는 의

사 · 치과의사 · 한의사 또는 「수의사법」에 따라 동물 진료에 종사하는 수의사로서 의료나 동물 진료를 목적으로 마약 또는 향정신성의약품을 투약하거나 투약하기 위하여 제공하거나 마약 또는 향정신성의약품을 기재한 처방전을 발급하는 자

6. "원료물질"이란 마약류가 아닌 물질 중 마약 또는 향정신성의약품의 제조에 사용되는 물질로서 대통령령(동법시행령 제2조)으로 정하는 것을 말한다.

7. "원료물질취급자"란 원료물질의 제조 · 수출입 · 매매에 종사하거나 이를 사용하는 자를 말한다.

8. "군수용마약류"란 국방부 및 그 직할 기관과 육군 · 해군 · 공군에서 관리하는 마약류를 말한다.

9. "치료보호"란 마약류 중독자의 마약류에 대한 정신적 · 신체적 의존성을 극복시키고 재발을 예방하여 건강한 사회인으로 복귀시키기 위한 입원 치료와 통원(通院) 치료를 말한다.

그리고 마약류 관리에 관한 법률 제2조제2호라목에 따른 동법 시행령 제2조제1항에 의한 별표1에는 아세토르핀, 벤질모르핀, 코카인, 헤로인, 모르핀, 메토폰, 미로핀, 니코디코딘, 니코모르핀, 옥시코돈, 옥시모르핀, 코데인, 에틸모르핀 등등 총 35가지를 열거하고 있다.

3) 벌 칙

① 무기 또는 5년 이상 징역(제58조)

제58조의 규정은 주로 마약을 수출입 · 제조 · 매매하거나 매매를 알선 또는 그러할 목적으로 소지 · 소유한 경우에 해당하며(자세한 내용은 제58조제1항 참조), 제58조에 해당하는 행위가 영리를 목적으로 하거나 상습적으로 하는 자는 사형 · 무기 또는 10년 이상의 징역에 처한다(제58조제2항). 위 범죄는 미수범도 처벌한다(제58조제3항). 또한 위 범죄(제58

조제1항제7호는 제외 즉, 관련법을 위반하여 미성년자에게 마약을 수수 · 조제 · 투약 · 제공한 자 또는 향정신성의약품이나 임시마약류를 매매 · 수수 · 조제 · 투약 · 제공한 자는 제외)를 범할 목적으로 예비 또는 음모한 자는 10년 이상의 징역에 처한다(제58조제4항).

② 2년 이상의 유기징역(제58조의2)

제58조의2 규정은 미성년자에게 대마를 수수 · 제공하거나 대마 또는 대마초 종자의 껍질을 흡연 또는 섭취한 자의 처벌을 적시하고 있다. 상습범은 3년 이상의 유기징역에 처하고(제58조의2제2항), 미수범도 처벌된다(제58조의2제3항).

③ 1년 이상의 유기징역(제59조)

제59조의 규정은 주로 수출입 · 제조 · 매매할 목적으로 원료 또는 물질 등을 소지 · 소유 · 사용 · 관리 · 운반 또는 투약이나 투약하기 위한 제공 등을 적시하고 있다. 관련법을 위반하여 수출입 · 매매 또는 제조할 목적으로 마약의 원료가 되는 식물을 재배하거나 그 성분을 함유하는 원료 · 종자 · 종묘를 소지 · 소유한 자, 관련법을 위반하여 마약의 성분을 함유하는 원료 · 종자 · 종묘를 관리 · 수수 · 운반 · 사용 또는 투약하거나 투약하기 위하여 제공하는 행위를 한 자, 관련법을 위반하여 마약 또는 향정신성의약품을 제조할 목적으로 그 원료가 되는 물질을 매매하거나 매매를 알선하거나 수수한 자 또는 그러할 목적으로 소지 · 소유 또는 사용한 자 등등 다양한 경우에 해당하는 자를 규정하고 있다(제59조제1항 참조). 제59조제1항의 범죄가 상습적인 경우, 3년 이상의 유기징역에 처하고, 위 범죄(제59조제1항제5호 및 제13호는 제외)의 미수범도 처벌한다. 또한 동법 제3조제7호를 위반하여 대마를 제조하거나 매매 · 매매알선을 한 자 또는 그러할 목적으로 대마를 소지 · 소유의 범죄를 범할 목적으로 예비 또는 음모한 자는 10년 이하의 징역에 처한다(제59조제4항).

④ 10년 이하의 징역 또는 1억원 이하의 벌금(제60조)

제60조의 규정은 주로 마약, 향정신성의약품 사용, 이를 위한 장소 · 시설 · 장비 · 자금 또는 운반수단을 타인에게 제공한 자, 향정신성의약품의 매매, 관련법에 규정한 향정신성의약품 또는 그 물질을 함유하는 향정신성의약품을 매매, 매매의 알선 · 수수 · 소지 · 소유 · 사용 · 관리 · 투약 · 조제 · 제공한 자 또는 향정신성의약품을 기재한 처방전을 발급한 자가 해당한다(자세한 내용은 제60조제1항 참조). 제60조제1항의 상습범에게는 형의 2분의1까지 가중한다(제60조제2항). 또한 위 범죄의 미수범도 처벌한다(제60조제3항).

⑤ 5년 이하의 징역 또는 5천만원 이하의 벌금(제61조)

제61조의 규정은 제60조의 규정된 행위보다 약한 범죄를 규정하고 있다. 예컨대, 대마 또는 대마초 종자의 껍질을 흡연하거나 섭취한 자, 이런 행위를 할 목적으로 대마, 대마초 종자나 대마초 종자의 껍질을 소지한 자, 위의 두가지 중 어느 하나의 행위를 하려 한다는 정을 알면서 대마초 종자나 대마초 종자의 껍질을 매매하거나 알선하는 자가 해당된다(제61조제1항제4호). 또한 대마를 재배 · 소지 · 소유 · 운반 · 보관 또는 이를 사용한 자(제61조제1항제6호)도 이에 해당한다. 그 밖의 법을 위반하여 향정신성의약품의 취급 · 처방전의 발급의 자도 해당된다(자세한 내용은 제61조제1항 참조). 이 범죄의 상습범은 형의 2분의 1까지 가중한다(제61조제2항). 그리고 이 범죄의 예외적 사항을 제외하는 미수범도 처벌한다(제61조제3항 참조).

⑥ 3년 이하의 징역 또는 3천만원 이하의 벌금(제62조)

제8조제1항을 위반하여 마약의 취급에 관한 허가증 또는 지정서를 타인에 빌려주거나 양도한 자, 관련법을 위반하여 마약을 취급한 경우, 상대방이 되어 마약을 취급한 자, 관련법을 위반하여 마약류 통합정보 중 개인정보 이외의 정보를 업무상 목적 외의 용도로 이용하거나 제3자에게 제공한 자가 이에 해당한다(제62조제1항 참조). 상습범은

형의 2분의 1까지 가중하고, 미수범도 처벌한다(제62조제2항, 제3항).

⑦ 2년 이하의 징역 또는 2천만원 이하의 벌금(제63조)

제8조제1항을 위반하여 향정신성의약품의 취급에 관한 허가증 또는 지정서를 타인에게 빌려주거나 양도한 자, 향정신성의약품을 취급한 자, 대마의 취급에 관한 허가증을 타인에게 빌려주거나 양도한 자, 관련법을 위반하여 대마를 취급한 자, 위반행위의 상대방이 되어 대마를 취급한 자, 향정신성의약품을 취급한 자 등등이 이에 해당한다(제63조제1항). 일정한 경우에 상습범은 형의 2분의1까지 가중한다(제63조제2항). 미수범도 처벌한다(제63조제3항).

⑧ 1년 이하의 징역 또는 1천만원 이하의 벌금(제64조)

관련법을 위반하여 신고를 거짓으로 한 경우, 향정신성의약품을 폐기한 경우, 대마를 취급하거나 폐기한 경우, 마약류(향정신성의약품은 제외)를 저장한 경우, 위반행위의 상대방이 되어 향정신성의약품을 취급한 경우, 대마를 폐기하지 아니하거나 처분을 거부·방해 또는 기피한 경우 그 밖에 업무정지기간에 그 업무를 하여 향정신성의약품을 취급하거나 대마를 취급한 경우 등등이 이에 해당한다(제64조).

(3) 마약류 불법거래방지에 관한 특례법

1) 목 적

이 법은 국제적으로 협력하여 마약류와 관련된 불법행위를 조장하는 행위 등을 방지함으로써 마약류범죄의 진압과 예방을 도모하고, 이에 관한 국제협약을 효율적으로 시행하기 위하여 마약류관리에 관한 법률과 그 밖의 관계 법률에 대한 특례 등을 규정함을 목적으로 한다(마약류 불법거래방지에 관한 특례법 제1조). 따라서 이 법을 위반한 범죄의 경우, 형사처벌에 관하여 제3장 벌칙(제6조 내지 제18조), 몰수에 관하여는 제4장 이하에 자세히 규정하고 있다.

2) 정 의(마약류 불법거래방지에 관한 특례법 제2조)

① 이 법에서 "마약류"란 마약류 관리에 관한 법률 제2조제2호에 따른 마약, 같은 조 제3호에 따른 향정신성의약품 및 같은 조 제4호에 따른 대마를 말한다.

② 이 법에서 "마약류범죄"란 다음 각 호의 죄(그 죄와 다른 죄가 형법 제40조에 따른 상상적 경합(想像的 競合) 관계에 있는 경우에는 그 다른 죄를 포함한다)를 말한다.

1. 제6조(업으로 하는 불법수입 등)·제9조(마약류 물품의 수입 등) 또는 제10조(선동 등)의 죄

2. 마약류관리에 관한 법률 제58조부터 제61조까지의 죄(벌칙: 형사처벌)

③ 이 법에서 "불법수익"이란 마약류범죄의 범죄행위로 얻은 재산, 그 범죄행위의 보수(報酬)로 얻은 재산이나 마약류 관리에 관한 법률 제60조제1항제1호 또는 제61조제1항제1호(미수범을 포함한다)의 죄에 관계된 자금을 말한다.

④ 이 법에서 "불법수익에서 유래한 재산"이란 불법수익의 과실(果實)로서 얻은 재산, 불법수익의 대가(對價)로서 얻은 재산, 이들 재산의 대가로서 얻은 재산, 그 밖에 불법수익의 보유 또는 처분으로 얻은 재산을 말한다.

⑤ 이 법에서 "불법수익 등"이란 불법수익, 불법수익에서 유래한 재산 및 그 재산과 그 재산 외의 재산이 합하여진 재산을 말한다.

3) 벌 칙

이 특례법에 규정한 벌칙은 최고 사형을 규정하고 있다. 즉, 일정한 경우 마약류 불법거래를 업으로 하는 자는 사형, 무기징역 또는 10년 이상의 징역에 처한다. 이 경우 1억원 이하의 벌금을 병과한다(제6조제1항). 불법수익 등의 은닉 및 가장의 경우에는 7년 이하의 징역

또는 3천만원 이하의 벌금에 처하거나 병과할 수 있다(제7조제1항). 이 범죄의 미수범은 처벌한다(제7조제2항). 이 죄를 범할 목적으로 예비하거나 음모한 자는 2년 이하의 징역 또는 1천만원 이하의 벌금에 처한다(제7조제3항). 그 밖에 불법수익 등의 수수(제8조), 마약류 물품의 수입 등(제9조), 선동 등(제10조), 불법수익등에 대한 미신고 등(제11조), 국외범(제12조)에 대한 처벌규정을 두고 있고, 불법수익 등의 몰수(제13조, 제14조, 제15조), 추징(제16조), 불법수익의 추정(제17조) 등도 규정하고 있다.

(4) 특정범죄 가중처벌 등에 관한 법률

본 법은 형법, 마약류 관리에 관한 법률, 관세법, 조세범처벌법, 지방세기본법, 산림자원의 조성 및 관리에 관한 법률에 규정된 특정범죄에 대한 가중처벌 등을 규정하고 있다(특정범죄 가중처벌 등에 관한 법률 제1조). 그리고 마약류 범죄에 관한 특정범죄 가중에 관하여 동법 제11조에 아래와 같이 규정하고 있다.

마약류 관리에 관한 법률 제58조제1항제1호부터 제4호까지 및 제6호·제7호에 규정된 죄(매매, 수수 및 제공에 관한 죄와 매매목적, 매매 알선목적 또는 수수목적의 소지·소유에 관한 죄는 제외한다) 또는 그 미수죄를 범한 사람은 다음 각 호의 구분에 따라 가중처벌한다(동법 제11조제1항).

1. 수출입·제조·소지·소유 등을 한 마약이나 향정신성의약품 등의 가액이 5천만원 이상인 경우에는 무기 또는 10년 이상의 징역에 처한다.

2. 수출입·제조·소지·소유 등을 한 마약이나 향정신성의약품 등의 가액이 500만원 이상 5천만원 미만인 경우에는 무기 또는 7년 이상의 징역에 처한다.

마약류 관리에 관한 법률 제59조제1항부터 제3항까지 및 제60조에 규정된 죄(마약 및 향정신성의약품에 관한 죄만 해당한다)를 범한 사람은 다음 각 호의 구분에 따라 가중처벌한다(동법 제11조제2항).

1. 소지·소유·재배·사용·수출입·제조 등을 한 마약 및 향정 신성의약품의 가액이 5천만원 이상인 경우에는 무기 또는 7년 이상의 징역에 처한다.
2. 소지·소유·재배·사용·수출입·제조 등을 한 마약 및 향정 신성의약품의 가액이 500만원 이상 5천만원 미만인 경우에는 무기 또는 3년 이상의 징역에 처한다.

성난
변호사

범죄, 액션/117분/2015.10.8. 개봉
감독 허종호
출연 이선균(변호성), 김고은(진선민), 임원희(박사무장) 등
15세관람가

The Advocate: A missing body, 2015

"이기는 게 정의지 뭐"

두뇌 상위 1%, 승소확률 100% '변호성'(이선균)은 대형 소송을 성공적으로 마무리 짓고 승승장구하는 로펌의 에이스변호사이다. 그러던 중 그에게 새로운 의뢰가 들어온다.

바로 시체도 증거도 없는 신촌 여대생 살인 사건의 유력 용의자를 변호하는 것이다.

좀처럼 풀리지 않는 사건이지만 그의 두뇌는 빠르게 움직이기 시작하고, 파트너 '박사무장'(임원희)과 함께 사건 현장에서 용의자의 혐의를 벗길 결정적 증거를 확보한다.

줄거리

성난변호사

변호성은 승소율 100%. 로펌에서 가장 잘나가는 변호사다. 얼마 전 제약회사의 약물 부작용 소송에서도 제약회사를 변호하며 가볍게 승소한다. 로펌대표는 그런 변호성에게 신촌 여대생 살인사건을 맡아 보라고 한다. 이 사건은 흉기도 있고 목격자도 있는데 시체만 없는 미스테리한 사건이다.

　　변호성은 용의자로 구속되어 있는 김정환의 변호를 맡게 된다. 김정환은 문지훈회장의 기사였는데 문회장이 가족처럼 생각한다며 변호성을 고용한 것이다.

　　사건현장을 찾은 변호성은 후배 진선민 검사를 만나 이런저런 얘기를 나눈다. 진선민 검사는 돈 따라다니는 변호사가 이런 사건은 왜 맡았냐며 따지며 두 사람 사이에 묘한 기류가 흐른다.

　　재판당일 당연히 승소할 거라며 변호성은 자신만만하다. 재판은 시작되고 진선민 검사는 김정환이 범인이라며 이야기한다. 법의학자까지 내세운 변호성의 변론은 김정환이 여대생 한민정을 죽인 범인이 아니라는 것이 너무 명확했다. 그런데 갑자기 김정환이 벌떡 일어나서 자기가 범인이라고 주장한다. 갑자기 뒤통수 맞게 된 변호성은 뭔가 이상하다는 것을 느낀다.

　진선민은 현장 검증으로 산에 와서 한민정의 시체를 찾는데, 변호성은 김정환이 범인이 아니므로 절대 시체가 나올 리가 없다며 확신한다. 그 와중에 변호성은 김정환의 통화내역을 뒤지던 중 누군가 화장터에서 시체를 사려고 했다는 사실을 알게 된다.

　변호성은 누가 시체를 사려고 한 건지 밝히기 위해 잠복하는데 한 오토바이가 시체가 담긴 가방을 들고 많은 사람들 속에 순식간에 사라져버린다. 변호성은 쫓고 쫓다가 잡게 되는데 그는 바로 죽은 줄 알았던 한민정이다.

한민정의 이야기를 들어보니, 한민정의 아버지가 신약개발 중 심각한 부작용을 발견하고 출시를 막은 약을 제약회사 대표인 문회장이 문서를 위조하여 출시한 것이다. 그 후 약 출시를 반대했던 한민정의 아버지는 죽게 되었고, 한민정은 부작용 보고서와 함께 약 부작용을 증명하기 위해 시체를 사려고 했던 것이다.

한편, 문회장의 기사였던 김정환은 문회장에게 한민정을 없애라는 지시를 받았지만, 한민정을 사랑하게 되는 바람에 죽이지 못하고 죽인 것처럼 위장하게 된 것이다. 그래서 시체는 없고 범행현장과 목격자만 있는 요상한 살해현장이 만들어진 것이다.

그 사이 한민정이 살아있다는 것을 안 문회장은 변호성을 함정에 몰아넣고 어떻게든 부작용 보고서를 가져오라고 한다. 변호성은 휴대폰 안에 들어있던 부작용 보고서를 들고 도망간다. 변호성은 문회장한테 보고서를 들고 가서 협상을 한다. "나를 당신 편에 세워 달라 어차피 당신은 내 약점을 잡고 있지 않냐." 결국 변호성은 문회장 편에 서서 든든한 변호인이 된다.

진선민은 충성스런 개가 된 변호성을 보고 실망한다. 시간이 지나 사건을 빨리 마무리 하고 싶던 문회장은 변호성을 방에 가두고 한민정을 죽여 가방에 담으려고 했다. 때마침 건물은 정전이 되고 경찰, 검찰이 들이닥쳐 건물을 뒤지는 사이 변호성은 도망간다.

변호성과 문회장은 단 둘이 술을 마신 적이 있다. 그 때 변호성은 난 사람을 죽였고 회장님은 살인교사라고 하지만 문회장은 돈이 이긴다며 나를 잡을 사람이 누가 있겠냐고 한다.

다시 재판은 시작되고 변호성은 김정환이 범인이 아니라는 증거가 있다며 한민정을 법정에 세운다. 피해자가 살아있으니 사건 자체가 성립이 되지 않으므로 사건은 마무리된다.

대학교 강연중인 문회장이 본인 자랑을 한참 하던 중 변호성은 화면에 약물 부작용보고서를 띄우고 녹음되어 있는, 술 마시며 했던 그 이야기를 틀어버린다.

변호성이 문회장의 충성스러운 개가 됐던 건 변호성의 작전이었던 것이다. 그렇게 변호성과 진선민은 웃으며 영화는 끝이 난다.

성난변호사

1. 살인미수

'살인미수'란 사람을 살해하려다가 이루지 못하는 일을 말한다.

(1) 살인미수사건[1]

1) 사실관계

피고인(가명: 민수, 사건당시 48세)은 사진관을 운영하는 사람으로서 초등학교 다니는 두 자녀를 둔 이혼남이다. 사건외 미자(가명: 사건당시 38세) 또한 두 자녀를 둔 이혼녀이다. 두 사람은 자녀의 초등학교 학부모 모임에서 알게 되어 가까운 사이가 되어서 서로 집을 오고가면서 사실상 한 집 살림을 하고 있으며, 생활비는 민수가 부담하여 왔다.

이런 생활이 지속되는 가운데, 성격이 외향적인 미자는 민수의 사진관운영이 어려워 가계에 보탬이 되고자 노래방 도우미를 하였고, 거기서 만난 내연남이 안정적인 생활비를 주겠다고 동거를 제안하였고, 이에 미자는 민수에게 이별을 통보하였다.

이에 격분한 민수는 술이 만취된 상태에서 미자집에 있던 내연남과 그 자식 3명에게 숨겨온 부엌칼로 상해를 입혔다.

---

1) 조선규, '살인미수사건', 고시계사, 2008, 고시계 53(3), 147쪽 이하.

2) 법정에서의 공방

① 검사 측 주장

검사는 상해부위가 얼굴 주변인 점, 10년 전에도 동일한 수법으로 범행하다가 집행유예를 선고받은 전과가 있는 점에 주목하여, 살인미수죄의 실체적 경합범으로 공소를 제기하였고, 최후공판에서 피고인에게 무기징역을 구형하였다. 검사는 위 범죄사실에 대한 증거로, 당시 상황을 목격한 이웃집 청년의 진술조서, 각 전치 2주, 3주, 치료일수 미상의 상해진단서, 당시 상황을 진술한 피해자 3명의 진술조서, 피 묻은 피해자들의 옷가지, 피해자가 종이에 그린 칼 모양의 그림, 혈흔이 묻어있는 종이로 만든 칼집 사진, 현장사진 및 피해자들의 상처부위 사진 등을 제출하였다.

(민수는 범행 후 자신의 차를 몰고 도주하다가 체포되었는데 이 과정에서 사용된 칼은 어디론가 사라져서 증거로 제출되지 못하였다. 한편 도로교통법상 음주운전 및 손괴 후 미조치의 점에 대해서도 기소되었는데 이 점은 논외로 한다.)

② 변호인의 주장

변호인은 증거 등을 종합하여 볼 때 민수의 범죄사실이 분명하므로 무죄를 주장하지는 않기로 하고, 아울러 진심으로 피해자들에게 용서를 구한다는 전제에서 변론을 진행하기로 하였다.

구성요건 단계에서, 과연 민수에게 살인의 고의가 있었는지에 대하여, 얼굴 부위보다는 팔과 손목 부위에 상처가 더 많다는 점, 평소 피해자인 미자의 아들을 친자식 이상으로 잘 돌보아 준 사정 등을 이유로 살인의 고의가 없었기 때문에 살인미수죄가 아니라 상해죄로 공소장을 변경하고 처벌해야 한다는 점을 주장하며 증거 또는 참고자료로 민수 및 민수의 아들, 딸의 진술서를 제출하였다.

당시 민수에게 책임능력이 있었는지 여부에 대하여, 혈중 알코올 농도 0.165%의 심신상실 상태에 있었던 점(위드마크 공식에 의하여 범행당시의 혈중 알코올 농도로 소급적용해보면 0.2%에 육박), 심신상실의 점을 입증하기 위하여 민수 개인에 대한 신체감정신청, 국립서울병원(정신과)에 대한 사실조회 신청(혈중 알코올 농도에 따른 주취자의 정신적·심리적 상태 및 이에 대한 과학적 근거서류)을 요청하였다(재판부는 이를 채택하지 않았다). 기타 정상참작 사유에서, 비록 범행사실에 대한 기억은 없지만 정황으로 보아 자신이 저지른 범죄임을 인정하고 진심으로 뉘우치고 있다는 점, (사건의 중대성에 비추어볼 때 정면으로 항변할 사항은 아니지만) 사건이 일어난 동기의 상당부분이 피해자의 어머니인 미자로부터 유발된 점 등을 주장하였고, 그 증거 또는 참고자료로 민수 누나들의 탄원서, 민수와 미자가 함께 사용한 생활비 통장내역, 함께 찍은 단란한 사진 등을 제출하였다.

3) 법원의 판단
① 법원은 살인의 고의에 대하여 다음과 같은 이유로 살인의 고의가 있다고 판단하였다.

"살인의 범의는 반드시 살해의 목적이나 계획적인 살해의 의도가 있어야 인정되는 것은 아니고, 자기의 행위로 인하여 타인의 사망의 결과를 발생시킬만한 가능성 또는 위험이 있음을 인식하거나 예견하면 족할 것이고, 그 인식이나 예견은 확정적인 것은 물론 불확정적인 것이라도 이른바 미필적 고의로 인정되는 것인바, 피고인이 범행당시 살인의 범의는 없었고 단지 상해 또는 폭행의 범의만 있었을 뿐이라고 다투는 경우에 피고인에게 범행당시 살인의 범의가 있었는지 여부는 ① 피고인이 범행에 이르게 된 경위, ② 범행의 동기, ③ 준비된 흉기의 유무·종류·용법, ④ 공격의 부위와 반복성, ⑤ 사망의 결과 발생가능성 정도 등 범행 전후의 객관적인 사정을 종합하여 판단할 수밖에 없다.

사안의 경우 제출된 증거와 채용된 증거들을 종합하여 볼 때 피고인에게 살인 미수의 범의가 있다고 보여진다"(대법원 2005도1251판결, 2003도949판결, 2001도6425판결 참조).

② 법원은 심신장애 상태이므로 책임능력이 결여되었다는 주장에 대하여서도 다음과 같은 사유를 들어 심신장애 상태 자체가 아니라고 판단하였다.

"피고인이 범행 당시 술을 마신 사실은 인정되나, 한편 다음과 같은 점들, 즉 피고인이 이 사건 범행 당시 종이로 칼집을 만들어서 칼집 안에 칼을 넣어갔던 점, 내연남을 집 밖에서 먼저 찌르고 다음 미자의 아들에게 잠겨있는 문을 열게 한 다음 두 아들들에게 칼을 휘두른 점, 범행 후 승용차를 몰고 도주하였던 점, 그 후 경찰관에게 쫓기면서 검거될 때까지의 정황이나 체포당시의 피고인의 행태 등 이 사건 범행의 수단과 방법, 범행을 전후한 피고인의 행동 등을 비롯하여 피고인의 평소음주정도나 주량, 이 사건 범행의 경위 등에 비추어 보면 그로 인하여 사물을 변별할 능력이나 의사를 결정할 능력이 없었다거나 미약한 상태에 있었다고는 인정되지 아니하므로 피고인의 위 주장은 받아들이지 아니한다"(서울남부지방법원 2004고합204판결 참조).

"피고인이 범행당시 심신장애의 상태에 있었는지 여부를 판단함에 있어서 반드시 전문가의 감정을 거쳐야 하는 것은 아니므로, 법원이 범행의 경위와 수단, 범행 전의 피고인의 행동 등 기록에 나타난 제반 자료와 공판정에서의 피고인의 태도 등을 종합하여 피고인이 심신장애의 상태에 있었는지 여부를 판단하더라도 위법하다고 할 수 없다"(대법원 2005도1251판결, 2001도5203판결, 93도2701판결 참조).

③ 양형참작사유에 대해서는 다음과 같이 판단하였다.

"내연녀가 헤어지자고 한다는 이유만으로 아무런 책임도 없는 나이어린 자식들에게 흉기를 휘둘러 살해하려고 한 것으로 그 죄질이 아주 좋지 않을 뿐만 아니라, 피해자들이 사망에까지 이르지는 아니하였지만 상해의 정도도 중하여 평생 회복하기 어려운 육체적, 정신적인 상처를 지니게 될 것으로 보인다.

또한 피고인은 이 사건 이전에도 내연관계에 있는 여자와 그 자녀에게 상해를 가하는 등 이 사건과 유사한 범죄로 집행유예를 선고받은 전력이 있을 뿐만 아니라, 미자에게 폭력을 휘둘러 벌금형을 선고받은 전과도 있어 평소 자신보다 힘이 약한 여성들이나 아이들에게 폭력을 가하는 성향이 있다고 보여서 재범의 위험성 또한 크다고 할 것이다. 더욱이 피고인은 잘못을 뉘우치고 있다고 하면서도 다른 한편 범행에 대하여는 아무것도 기억나지 않고, 범행의 동기는 미자의 복잡한 남자관계 때문이라고 주장하는 등 자신의 책임을 가볍게 하기 위해 변명하려고 하는 태도를 보여서 과연 피고인이 진정으로 반성하고 있는지에 관하여도 의문이 든다. 다만, 피해자들이 사망에까지 이르지 아니한 사정을 참작하여 유기징역형을 선택하여 주문과 같은 형을 선고하기로 한다"(서울남부지방법원 2004고합204판결 참조).

2. 위 증

(1) 위증과 위증죄의 의의

'위증'이란 법정이나 의회의 청문회 등에서 진실만을 말하겠다고 선서한 증인이 허위의 진술을 하는 것을 말한다. 따라서 '위증죄'란 법률에 의하여 선서한 증인이 허위의 진술을 하는 죄를 지칭한다.

위증죄는 단순위증죄와 모해위증죄로 구분한다. 단순위증죄는 법률에 의하여 선서한 증인이 허위의 진술을 함으로써 성립하는 범죄(형법 제152조제1항), 모해위증죄는 형사사건 또는 징계사건에 관하여 피고인, 피의자 또는 징계혐의자를 모해할 목적으로 위증함으로써 성립한다(형법 제152조제2항). 모해할 목적이 있음으로 인하여 행위의 불법이 가중되어 단순위증죄에 비하여 중하게 처벌된다.

(2) 위증사례 – 법정위증사례

피고인은 2017년 12월 7일 경 부산 해운대구 ○○동에 있는 부산지방법원 동부지원 제102호 법정에서 법원 2017고단1232호 김○○에 대한 폭력행위 등 처벌에 관한 법률위반(집단·흉기상해) 사건의 증인으로 출석하여 선서한 후 '김○○이 2017년 10월 7일 21:40경 부산 남구 ○○동에 위치한 ○○식당에서 깨진 유리병으로 증인의 등을 찍어 상해를 입은 사실이 없다'고 증언하였다.

그러나 사실은 피고인은 김○○이 2017년 10월 7일 21:40경 부산 남구 ○○동에 위치한 ○○식당에서 김○○과 다투다가 김○○이 깨진 맥주병을 들고 피고인 등 부분을 1회 찍어 치료일수를 알 수 없는 등부위열상을 당하였고, 피고인은 증인으로 출석하기 전 이미 이러한 사실을 알고 있었다. 그러나 피고인은 김○○의 부탁을 받고 법정에서 선서한 후 허위의 진술을 하였다.

(3) 단순위증죄

1) 주 체

본죄의 주체는 '법률에 의하여 선서한 증인'이다. 선서한 증인으로서 자신이 직접 허위의 증언을 하는 자만이 원칙적으로 본죄의 정범이 될 수 있다. 하지만 정을 모르는 증인을 이용하여 허위의 증언인 줄 모르고 증언을 하게 한 경우나 '법률에 의하여 선서한 증인'이 선서무능력자와 같은 증인의 신분을 갖지 못하는 자를 교사 또는 기망하여 동일한 사건의 공판에서 허위의 진술을 하게 한 경우에는 본죄의 간접정범이 성립될 수 있다.

① 법률에 의한 선서

선서는 법률에 정한 절차에 따라 행해져야 한다. 그러므로 법률에 근거 없이 선서한 경우에는 그 선서는 법률상 무효이다. 즉, 위증을 하더라도 위증죄가 되지 않는다.

선서는 법률상 유효하여야 하므로 선서를 하게 할 권한 있는 기관에 대하여 한 것이어야 한다. 그러므로 법원이 아닌 검사나 사법경찰관 앞에서 행한 선서는 본죄의 선서에 해당하지 않는다. 또한 선서무능력자(형사소송법 제159조, 민사소송법 제322조)(**예** 16세 미만인 자, 선서의 취지를 이해하지 못하는 자)는 선서의 의미를 이해하지 못하는 자이므로 착오로 선서무능력자가 한 선서는 선서로서의 효력이 없다.

② 증 인

본죄의 주체는 법률에 의하여 선서한 증인에 한한다. 해석상 재판이나 징계절차의 당사자 이외의 제3자로서 자기가 경험한 사실에 관하여 법정에서 진술하는 자로 정의된다. 그러므로 형사소송의 당사자인 피고인, 검사나 민사소송의 당사자인 원고, 피고는 본죄의 주체가 되지 않는다. 따라서 피고인과 사실상 공범관계에 있는 자라도 아직 기소되지 않은 자는 피고인의 지위를 갖지 않으므로 증인으로서 신문할 수 있다.

2) 행 위

본죄의 행위는 '허위의 진술을 하는 것'이다.

① 허 위

허위의 진술이 행해져야 한다. '허위'는 사실과 다름을 가리킨다. 진술의 일부가 허위여도 이에 해당된다. 판례에 따르면, 허위 여부의 판단은 진술내용의 객관적 진실과 부합 여부를 기준으로 하여 판단한다.

② 기수시기

선서 후 위증은 당해 증인에 대한 신문절차가 종결한 때에 기수가 된다. 수회의 증언은 포괄적으로 하나의 증언으로 취급할 수 있다.

③ 진술에 고의

위 객관적 구성요건에 인식인 고의가 있어야 하며, 미필적 고의도 포함한다. 따라서 오해나 착오에 의한 기술, 기억이 분명하지 못해 잘못한 진술은 본죄의 고의가 되기 어렵다.

(4) 모해위증죄

1) 주 체

본죄의 주체는 위증죄에서와 마찬가지로 '법률에 의하여 선서한 증인'이다.

2) 객 체

형사사건의 피고인, 피의자와 징계사건의 징계혐의자만이 본죄의 객체이다. 따라서 형사사건 또는 징계사건에 관한 것이더라도 이들 이외의 사람은 본죄의 객체가 되지 않는다.

3) 행 위

본죄의 행위는 '형사사건 또는 징계사건에 관하여 위증하는 것'이다. 형사사건은 형사책임의 유무에 관한 판단을 통하여 국가의 형벌권 발동 여부를 심사하는 절차를 말한다. 징계사건은 행정상 징계권의 발동 여부를 심사하는 절차이다. 공법상 절차만을 가리키며, 회사와 같은 사법인에서의 징계절차는 이에 포함하지 않는다.

4) 모해할 목적

주관적 요건으로 '모해할 목적'이 있어야 한다. 모해할 목적이란 피고인, 피의자 또는 징계혐의자를 불리하게 할 목적을 말한다. 또한 모해의 목적은 허위의 진술을 함으로써 피고인에게 불리하게 될 것이라는 인식이 있으면 충분하고 그 결과의 발생까지 희망할 필요는 없다"고 한다(대법원 2007. 12. 27. 선고 2006도3575 판결 참조).

모해할 목적은 행위자요소가 아니라 행위요소로 보아야 할 것이므로 부진정신분범의 신분에 해당되지 않을 것이다. 판례에 따르면, 정범인 증인에게는 그 목적이 없었으므로 그는 위증죄의 정범이 되고, 그 목적을 갖고 있는 교사범은 모해위증죄의 교사범이 된다고 한다.

타인으로 하여금 형사처분을 받게 할 목적으로 국가보안법상 죄에 대하여 위증한 자는 동법상 해당 죄에 정한 형으로 처벌한다(동법 제12조제1항).

기생충

FESTIVAL DE CANNES
PALME D'OR
제72회 칸영화제 황금종려상 수상

행복은 나눌수록 커지잖아요

드라마 · 블랙코미디 · 가족/한국/131분/2019.5.30. 개봉
감독: 봉준호
출연: 송강호(최기택), 이선균(박동익), 조여정(연교), 최우식(기우), 박소담(기정),
　　　이정은(문광), 장혜진(충숙) 등
15세관람가

Parasite, 2019

　기생충은 상류층과 하류층, 두 가족의 만남을 다룬 대한민국의 사회고발물 성향의 블랙 코미디, 가족, 드라마 영화이다. 아울러 기생충은 사회의 양극화, 욕망과 이기주의, 중산층의 존재 등 현대사회의 문제에 대한 비판과 경고의 의미를 담고 있는 것으로 해석된다.

　전원 백수로 살길 막막하지만 사이는 좋은 기택(송강호) 가족. 장남 기우(최우식)에게 명문대생 친구가 연결시켜 준 고액 과외 자리는 모처럼 싹튼 고정수입의 희망이다. 온 가족의 도움과 기대 속에 박사장(이선균) 집으로 향하는 기우. 글로벌 IT기업 CEO인 박사장의 저택에 도착하자 젊고 아름다운 사모님 연교(조여정)가 기우를 맞이한다. 그러나 이렇게 시작된 두 가족의 만남 뒤로, 걷잡을 수 없는 사건이 전개된다.

기생충

최기택의 가족은 전원 백수로서 반지하의 방에서 하루하루를 어렵게 살아
간다. 휴대폰 데이터를 사용하기 위하여 이웃집 와이파이를 몰래 사용하다가
와이파이 비밀번호가 걸려 난감한 모습이 이들의 재정상태를 보여준다.

　　기택 가족은 성실하지도 않다. 피자박스를 조립하는 아르바이트조차도 제대로 하지 못해 업체로부터 하자에 대한 지적을 받기도 한다.

　　그러던 중 실력도 없는 고졸 백수인 장남 기우는 그의 명문대생 친구가 하던 부잣집 고액과외를 건네받는다. 고민 끝에 명문대 재학증명서를 pc방에서 위조한다. 기우는 가까운 시일에 그 대학에 입학할 것이기 때문에 전혀 문제가 없다고 합리화하는 정신 승리의 모습을 보이기도 한다.

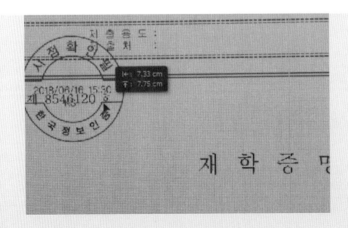

　기우는 당당하게 재학증명서를 가지고 과외집으로 향한다. 고가의 주택 구역으로 진입하고, 같은 동네라는 것이 믿기지 않을 정도로 언덕 위의 집과 아래 집은 전혀 다른 분위기를 보인다.

　　기우는 박사장(박동익)네 집에 들어가서 과외를 받을 딸의 어머니를 만나고, 비로소 딸의 과외선생이 된다. 그리고 박사장의 막내가 그린 남자 그림을 보여 주면서 박사장의 부인(연교)이 '미술선생님이 일주일도 못 버틴다'는 말에 기우는 대학후배인 사촌 얘기를 꺼내면서 연교의 관심을 끌게 되어 미술선생님으로 기우의 여동생(기정)을 연교에게 소개하게 된다. 기정은 화려한 말솜씨로 박사장의 막내의 미술선생을 맡게 된다.

　　기정은 자신을 집에 데려다 준 박사장의 자가용에 자신의 팬티를 벗어 놓고 내리고, 이를 발견한 박사장은 해당 운전기사를 해고하고 대신 기택이 운전기사로 채용된다.

　　그리고 박사장의 딸로부터 가정부 문광이 복숭아 알레르기가 있다는 정보를 입수하여 복숭아알레르기를 일으키게 하여 결핵환자로 몰아서, 결국 그 집에서 조용하게 나가게 만든다. 이어 기택의 부인(충숙)이 가정부로 들어오게 된다.

　박사장의 막내 생일기념 파티로 박사장의 가족은 캠핑을 갔고, 그동안 기택의 가족은 박사장 집에서 자기집처럼 술을 마시고 있던 중에 초인종이 울려 밖에 나가보니 가정부였던 문광이 문 밖에 있었다. 문광은 부탁이 있다면서 충숙과 함께 비밀지하벙커로 내려갔고, 그곳에는 문광의 남편이 몰래 숨어 살고 있었다. 문광은 충숙에게 남편을 계속 여기에 숨어 살게 해달라고 부탁한다. 그 때 폭우로 캠핑을 취소하고 돌아온다는 전화가 연교로부터 온다. 충숙은 문광을 계단에서 밀어 크게 다치게 하고, 주방에서 연교의 지시대로 짜파구리를 요리한다.

박사장의 가족은 귀가하고, 기택의 가족은 거실테이블에서 숨어 있다가 박사장 부부가 잠이 든 사이에 몰래 반지하집으로 오는데, 폭우로 그 집은 물에 잠기고 순식간에 이재민이 된다.

그 다음 날, 박사장 내외는 아들 몰래 생일파티 준비로 분주한데, 수석을 들고 지하로 내려간 기우를 그곳에서 문광의 남편이 발견하여 머리를 가격한 후 미친 듯이 식칼을 들고 파티가 열리는 마당으로 달려가 기정을 찌른다. 이에 충격을 받은 충숙이 꼬챙이로 남자를 찔러 죽게 한다.

이에 119를 부르다가 차키를 찾는 박사장이 기정을 밀어서 떨어진 키를 줍는 모습을 보고, 기택은 박사장을 찔러 죽게 한다.

기우는 수술 후 깨어나고, 기택은 행방불명이 된다. 사실 기택은 그 날 지하 벙커로 숨었고, 모스 부호로 기택과 기우가 대화를 나누게 된다. "꼭 이 집을 사겠다"는 기우의 모습으로 영화는 끝이 난다.

법률
산책

기생충

영화 "기생충"에서 재수생 기우는 친구인 명문대생 과외를 이어받기 위하여 자신이 진학하기를 원하는 명문대 재학증명서를 위조하고 이를 행사하여, 박사장의 딸 과외선생으로 취업한다. 이 경우, 재학증명서는 공문서에 해당되고, 이를 위조하였으므로 공문서위조죄에 해당되며, 이를 사용하여 부정하게 과외선생으로 취업하였기 때문에 위조된 공문서행사죄가 추가로 해당된다. 이에 관하여 아래에서 살펴보기로 한다.

1. 공문서위조죄 및 위조문서행사죄

형법 제225조(공문서등의 위조 · 변조)

■ 행사할 목적으로 공무원 또는 공무소의 문서 또는 도화를 위조 또는 변조한 자는 10년 이하의 징역에 처한다.

형법 제229조(위조등 공문서의 행사)

■ 제225조 내지 제228조의 죄에 의하여 만들어진 문서, 도화, 전자기록 등 특수매체기록, 공정증서원본, 면허증, 허가증, 등록증 또는 여권을 행사한 자는 그 각 죄에 정한 형에 처한다.

(1) 개 념

1) 공문서의 개념

공문서란 공무소 또는 공무원이 그 직무에 관하여 작성한 문서를 말한다. 우리나라의 공무소 또는 공무원이 작성한 문서를 말하므로 외국의 공무소 또는 공무원이 작성한 문서는 공문서가 아니라 사문서 이다. 공무원 또는 공무소가 작성명의인이더라도 직무상 작성한 것 이 아니라면 공문서가 아니다. 또 행위 주체가 공무원과 공무소가 아 닌 경우에는 형법 또는 기타 특별법에 의하여 공무원 등으로 의제되 는 경우를 제외하고는 계약 등에 의하여 공무와 관련되는 업무를 일 부 대행하는 경우가 있다하더라도 공무원 또는 공무소가 될 수는 없 다(대법원 2008. 1. 17. 선고 2007도6987 판결).

2) 위조의 개념

위조는 작성 권한 없는 자가 공무소 또는 공무원의 명의를 도용하 여 문서를 작성하는 것을 말한다. 공무원 자신의 권한 밖의 공무소나 다른 공무원 명의의 공문서를 작성하는 것은 물론 문서를 작성할 공 무원을 보조하는 기안담당자나 보충 기재할 권한만을 위임받은 공무 원이 작성권자의 결재 없이 허위내용의 공문서를 작성한 때도 공문서 위조죄가 성립한다.

하지만 공문서인 기안문서의 작성 권한자가 직접 서명하지 않고 피고인에게 지시하여 자기의 서명을 흉내 내어 기안문서의 결재란에 대신 서명케 한 경우에는 피고인의 기안문서 작성행위는 작성권자의 지시 또는 승낙에 의한 것으로서 공문서위조죄가 성립하지 아니한다 (대법원 1983. 5. 4. 선고 82도1426 판결).

(2) 성립요건

1) 공무소 또는 공무원이 직무에 관하여 작성한 문서

작성인이 해당 직업으로 공무상 작성한 것이어야 한다. 외국에 속 한 경우, 직무상 작성한 것이라도 해당하지 않는다.

2) 위 조

작성권한이 없는 자가 타인의 명의를 도용하여 문서를 작성한 것을 말한다. 변조란, 권한이 없는 자가 진정하게 성립된 타인의 명의 문서 내용에 동일성을 해치지 않을 정도로 변경하는 것을 말한다. 그러므로 자기 명의의 문서를 변경하는 것은 문서파괴죄가 될 뿐, 문서변조에는 해당하지 않는다. 따라서 문서의 본질적 부분이나 중요 내용을 변경한 경우에 위조가 성립된다.

3) 행사할 목적

공문서 위조죄는 목적범으로 위조 또는 변조된 공문서를 행사할 목적이 있어야 한다. 따라서 단순히 공문서를 보관할 목적으로 위조 또는 변조한 경우에는 해당하지 않아, 처벌할 수 없다. 따라서 본죄로 인하여 만들어진 공문서를 행사할 경우에는 형법 제299조의 공문서 부정행사죄에 해당하여 처벌할 수 있다.

(3) 효 과

공문서위조 또는 변조는 10년 이하의 징역에 처한다(형법 제225조).

(4) 죄수관계

공문서를 위조한 경우, 위조죄가 성립되고, 위조된 공문서를 행사하게 되면 위조공문서행사죄(동행사죄)가 추가된다. 위조된 공문서로 인하여 일정한 목적이 실현되었다면 공무집행방해죄가 추가의 범죄로 발생할 수 있다.

2. 공문서위조죄 및 위조문서행사죄 사건판례

[대법원 2020. 12. 24. 선고 2019도8443 판결]

【판시사항】

[1] 공문서위조죄의 성립요건 및 공문서로서의 형식과 외관을 갖추었는 지 판단하는 기준

[2] 형법상 문서에 관한 죄에서 말하는 '문서'의 의미 및 컴퓨터 모니터 화면에 나타나는 이미지가 문서에 해당하는지 여부(소극)

[3] 위조문서행사죄에서 말하는 '행사'의 의미와 방법 및 위조된 문서를 스캐너 등을 통해 이미지화한 다음 이를 전송하여 컴퓨터 화면상에서 보 게 하는 경우가 행사에 해당하는지 여부(적극) / 공문서로서의 형식과 외관 을 갖춘 문서에 해당하지 않아 공문서위조죄가 성립하지 않는 경우, 위조 공문서행사죄가 성립할 수 있는지 여부(소극)

[4] 중국인인 피고인이 콘도미니엄 입주민들의 모임인 갑 시설운영위원 회의 대표로 선출된 후 갑 위원회가 대표성을 갖춘 단체라는 외양을 작출 할 목적으로, 주민센터에서 가져온 행정용 봉투의 좌측 상단에 미리 제작 해 둔 갑 위원회 한자 직인과 한글 직인을 날인한 다음 주민센터에서 발급 받은 피고인의 인감증명서 중앙에 있는 '용도'란 부분에 이를 오려 붙이는 방법으로 인감증명서 1매를 작성하고, 이를 휴대전화로 촬영한 사진 파일 을 갑 위원회에 가입한 입주민들이 참여하는 메신저 단체대화방에 게재하 였다고 하여 공문서위조 및 위조공문서행사로 기소된 사안에서, 피고인이 만든 문서가 공문서로서의 외관과 형식을 갖추었다고 인정하기 어렵고, 이를 사진촬영한 파일을 단체대화방에 게재한 행위가 위조공문서행사죄에 해당할 수도 없다고 한 사례

【판결요지】

[1] 일반인으로 하여금 공무원 또는 공무소의 권한 내에서 작성된 문서 라고 믿을 수 있는 형식과 외관을 구비한 문서를 작성하면 공문서위조죄 가 성립하지만, 평균 수준의 사리분별력을 갖는 사람이 조금만 주의를 기 울여 살펴보면 공무원 또는 공무소의 권한 내에서 작성된 것이 아님을 쉽 게 알아볼 수 있을 정도로 공문서로서의 형식과 외관을 갖추지 못한 경우

에는 공문서위조죄가 성립하지 않는다.

[2] 형법상 문서에 관한 죄에서 문서란 문자 또는 이에 대신할 수 있는 가독적 부호로 계속적으로 물체상에 기재된 의사 또는 관념의 표시인 원본 또는 이와 사회적 기능, 신용성 등을 동일시할 수 있는 기계적 방법에 의한 복사본으로서 그 내용이 법률상, 사회생활상 주요 사항에 관한 증거로 될 수 있는 것을 말하고, 컴퓨터 모니터 화면에 나타나는 이미지는 이미지 파일을 보기 위한 프로그램을 실행할 경우에 그때마다 전자적 반응을 일으켜 화면에 나타나는 것에 지나지 않아서 계속적으로 화면에 고정된 것으로는 볼 수 없으므로, 형법상 문서에 관한 죄에서의 '문서'에는 해당되지 않는다.

[3] 위조문서행사죄에서 행사란 위조된 문서를 진정한 문서인 것처럼 그 문서의 효용방법에 따라 이를 사용하는 것을 말하고, 위조된 문서를 진정한 문서인 것처럼 사용하는 한 행사의 방법에 제한이 없으므로 위조된 문서를 스캐너 등을 통해 이미지화한 다음 이를 전송하여 컴퓨터 화면상에서 보게 하는 경우도 행사에 해당하지만, 이는 문서의 형태로 위조가 완성된 것을 전제로 하는 것이므로, 공문서로서의 형식과 외관을 갖춘 문서에 해당하지 않아 공문서위조죄가 성립하지 않는 경우에는 위조공문서행사죄도 성립할 수 없다.

[4] 중국인인 피고인이 콘도미니엄 입주민들의 모임인 갑 시설운영위원회의 대표로 선출된 후 갑 위원회가 대한민국 정부 기관에서 실체를 인정받아 직인이 등록되고 자신은 단체 대표로 인증을 받았다는 등 갑 위원회가 대표성을 갖춘 단체라는 외양을 작출할 목적으로, 주민센터에서 가져온 행정용 봉투의 좌측 상단에 미리 제작해 둔 갑 위원회 한자 직인과 한글 직인을 날인한 다음 주민센터에서 발급받은 피고인의 인감증명서 중앙에 있는 '용도'란 부분에 이를 오려 붙이는 방법으로 인감증명서 1매를 작성하고, 이를 휴대전화로 촬영한 사진 파일을 갑 위원회에 가입한 입주민들이 참여하는 메신저 단체대화방에 게재하였다고 하여 공문서위조 및 위조공문서행사로 기소된 사안에서, 위조 여부, 즉 공문서의 형식과 외관을 갖추었는지는 피고인이 만든 문서를 기준으로, 그리고 평균 수준의 사리분별력을 갖는 일반인을 기준으로 판단하여야 하고, 피고인이 행사의 상대방으로 구체적으로 예정한 사람을 판단의 기준으로 삼을 수 없으므로, 피고인이 만든 문서 자체를 평균 수준의 사리분별력을 갖춘 일반인이 보

앉을 때 진정한 문서로 오신할 만한 공문서의 외관과 형식을 갖추었다고 볼 수 있는지를 판단해야 하는데, 피고인이 만든 문서의 용도란은 인감증명서의 다른 부분과 재질과 색깔이 다른 종이가 붙어 있음이 눈에 띄고, 글자색과 활자체도 다르며, 인감증명서의 피고인 인감은 검정색인 반면 피고인이 용도란에 날인한 한자 직인과 한글 직인은 모두 붉은색이어서 평균 수준의 사리분별력을 갖는 사람이 조금만 주의를 기울여 살펴보면 피고인이 만든 문서는 공무원 또는 공무소가 갑 위원회를 등록된 단체라거나 피고인이 위 단체의 대표임을 증명하기 위해 작성한 문서가 아님을 쉽게 알아볼 수 있는 점 등을 종합하면, 피고인이 만든 문서가 공문서로서의 외관과 형식을 갖추었다고 인정하기 어렵고, 공문서위조죄가 성립한다고 보기 어려운 이상 이를 사진촬영한 파일을 단체대화방에 게재한 행위가 위조공문서행사죄에 해당할 수도 없다는 이유로, 이와 달리 보아 공소사실을 유죄로 인정한 원심판단에 공문서위조 판단의 객체 및 기준에 관한 법리오해의 잘못이 있다고 한 사례.

참조조문

[1] 형법 제225조, 제229조 / [2] 형법 제225조, 제229조 / [3] 형법 제225조, 제229조 / [4] 형법 제225조, 제229조, 형사소송법 제325조

참조판례

[1] 대법원 1992. 5. 26. 선고 92도699 판결(공1992, 2068), 대법원 1992. 11. 27. 선고 92도2226 판결(공1993상, 316)/[2] 대법원 2006. 1. 26. 선고 2004도788 판결(공2006상, 365), 대법원 2008. 4. 10. 선고 2008도1013 판결/[3] 대법원 2008. 10. 23. 선고 2008도5200 판결(공 2008하, 1648)

영화 "기생충"은 현대사회에서 극명하게 나타난 빈부의 격차를 적나라하게 보여준 영화이다. 국가는 국민 누구나 헌법에서 규정한 인간다운 생활을 할 권리를 보장하기 위한 책무가 있다. 이를 위해 국가는 사회적 취약계층에게 최저생계를 유지하는 법적 제도를 마련하고 있다. 즉, 2000년부터 국민기초생활보장제도에 관한 관련법을 시

행하고 있다.

아래에서는 국민기초생활보장법을 중심으로 살펴보기로 한다.

3. 국민기초생활보장

(1) 국민기초생활보장법

제1조(목적) 이 법은 생활이 어려운 사람에게 필요한 급여를 실시하여 이들의 최저생활을 보장하고 자활을 돕는 것을 목적으로 한다.

제2조(정의) 이 법에서 사용하는 용어의 뜻은 다음과 같다.

1. "수급권자"란 이 법에 따른 급여를 받을 수 있는 자격을 가진 사람을 말한다.

2. "수급자"란 이 법에 따른 급여를 받는 사람을 말한다.

3. "수급품"이란 이 법에 따라 수급자에게 지급하거나 대여하는 금전 또는 물품을 말한다.

4. "보장기관"이란 이 법에 따른 급여를 실시하는 국가 또는 지방자치단체를 말한다.

5. "부양의무자"란 수급권자를 부양할 책임이 있는 사람으로서 수급권자의 1촌의 직계혈족 및 그 배우자를 말한다. 다만, 사망한 1촌의 직계혈족의 배우자는 제외한다.

6. "최저보장수준"이란 국민의 소득·지출 수준과 수급권자의 가구 유형 등 생활실태, 물가상승률 등을 고려하여 제6조에 따라 급여의 종류별로 공표하는 금액이나 보장수준을 말한다.

7. "최저생계비"란 국민이 건강하고 문화적인 생활을 유지하기 위하여 필요한 최소한의 비용으로서 제20조의2제4항에 따라 보건복지부장관이 계측하는 금액을 말한다.

8. "개별가구"란 이 법에 따른 급여를 받거나 이 법에 따른 자격 요건에 부합하는지에 관한 조사를 받는 기본단위로서 수급자 또는 수급권자로 구성된 가구를 말한다. 이 경우 개별가구의 범위 등 구체적인 사항은 대통령령으로 정한다.

9. "소득인정액"이란 보장기관이 급여의 결정 및 실시 등에 사용하기 위하여 산출한 개별가구의 소득평가액과 재산의 소득환산액을 합산한 금액을 말한다.

10. "차상위계층"이란 수급권자(제14조의2에 따라 수급권자로 보는 사람은 제외한다)에 해당하지 아니하는 계층으로서 소득인정액이 대통령령으로 정하는 기준 이하인 계층을 말한다.

11. "기준 중위소득"이란 보건복지부장관이 급여의 기준 등에 활용하기 위하여 제20조제2항에 따른 중앙생활보장위원회의 심의·의결을 거쳐 고시하는 국민 가구소득의 중위값을 말한다.

제3조(급여의 기본원칙) ① 이 법에 따른 급여는 수급자가 자신의 생활의 유지·향상을 위하여 그의 소득, 재산, 근로능력 등을 활용하여 최대한 노력하는 것을 전제로 이를 보충·발전시키는 것을 기본원칙으로 한다.

② 부양의무자의 부양과 다른 법령에 따른 보호는 이 법에 따른 급여에 우선하여 행하여지는 것으로 한다. 다만, 다른 법령에 따른 보호의 수준이 이 법에서 정하는 수준에 이르지 아니하는 경우에는 나머지 부분에 관하여 이 법에 따른 급여를 받을 권리를 잃지 아니한다.

제4조(급여의 기준 등) ① 이 법에 따른 급여는 건강하고 문화적인 최저생활을 유지할 수 있는 것이어야 한다.

② 이 법에 따른 급여의 기준은 수급자의 연령, 가구 규모, 거주지역, 그 밖의 생활여건 등을 고려하여 급여의 종류별로 보건복

지부장관이 정하거나 급여를 지급하는 중앙행정기관의 장(이하 "소관 중앙행정기관의 장"이라 한다)이 보건복지부장관과 협의하여 정한다.

③ 보장기관은 이 법에 따른 급여를 개별가구 단위로 실시하되, 「장애인복지법」 제32조에 따라 등록한 장애인 중 장애의 정도가 심한 장애인으로서 보건복지부장관이 정하는 사람에 대한 급여 등 특히 필요하다고 인정하는 경우에는 개인 단위로 실시할 수 있다.

④ 지방자치단체인 보장기관은 해당 지방자치단체의 조례로 정하는 바에 따라 이 법에 따른 급여의 범위 및 수준을 초과하여 급여를 실시할 수 있다. 이 경우 해당 보장기관은 보건복지부장관 및 소관 중앙행정기관의 장에게 알려야 한다.

(2) 목 적

사람에게 필요한 급여를 실시하여 이들의 최저생활을 보장하고 자활을 돕는 것을 목적으로 한다(제1조).

(3) 정 의

국민기초생활보장법 제2조에는 수급자에서 기준 중위소득까지 11가지의 정의를 규정하고, 구제적 사항은 대통령령으로 정하도록 하고 있다(해당 규정 참조). "최저생계비"란 국민이 건강하고 문화적인 생활을 유지하기 위하여 필요한 최소한의 비용으로서 제20조의2제4항에 따라 보건복지부장관이 계측하는 금액을 말한다(관련법 제2조제7호).

(4) 급여의 기본원칙(제3조 참조)

1) 최저생활보장의 원칙

생활이 어려운 자에게 생계 · 의료 · 주거 · 교육 · 자활 등 필요한 급여를 행하여 이들의 최저생활을 보장한다.

2) 보충급여의 원칙

생계급여 수급자에 대한 최저보장수준은 생계급여액과 수급자 가구의 소득인정액을 합한 수준이 생계급여 선정기준 이상이 되도록 지원한다.

3) 자립지원의 원칙

근로능력이 있는 생계급여 수급자가 근로활동에 종사하지 않는 경우에는 자활사업에 참여할 것을 조건으로 생계급여를 지급한다.

- 근로능력이 있는 생계급여 수급자가 조건부과 유예사유에 해당되지 않는 경우에는 수급자 가구별로 자활지원계획을 수립하고 자활사업에 참여하도록 조건부과.
- 조건불이행자에게는 수급자 본인의 생계급여 일부 또는 전부를 지급하지 아니함.

4) 개별성의 원칙

급여수준을 정함에 있어서 수급자의 개별적 특수 상황을 최대한 반영한다.

- 이를 위해 수급자 및 부양의무자의 소득 · 재산, 수급자의 근로능력 · 취업상태 · 자활 욕구 등 자활지원계획수립에 필요한 사항, 기타 수급자의 건강상태 · 가구특성 등 생활실태에 관한 사항 등을 조사한다.

5) 가족부양 우선의 원칙

급여신청자가 부양의무자로부터 부양될 수 있으면 기초생활보장급여에 우선하여 부양의무자의 보호가 먼저 행해져야 한다.

- 수급자에게 부양능력을 가진 부양의무자가 있음에도, 이 법에 따른 급여를 수급자에게 계속 지급하기로 결정하는 경우에는 부양의무자로부터 지급된 급여만큼 보장비용을 징수할 수 있음.
- 단, 교육급여는 보편적 서비스에 해당하며 사회적 투자의 개념이 강하므로 부양의무자의 우선보호 원칙을 적용하지 않으며, 교육급여 수급자 가구의 소득인정액만으로 보장 여부를 결정.

6) 타급여 우선의 원칙

급여신청자가 다른 법령에 따라 보장을 받을 수 있는 경우에는 기초생활보장급여에 우선하여 다른 법령에 따른 보장이 먼저 행해져야 한다.

7) 보편성의 원칙

국민기초생활 보장법에 규정된 요건을 충족시키는 국민에 대하여는 성별·직업·연령·교육수준·소득원 기타의 이유로 수급권을 박탈하지 아니한다.

(5) 급여의 기준

급여는 건강하고 문화적인 최저생활을 유지할 수 있는 것이고, 그 기준은 보건복지부장관이 정하거나 급여를 지급하는 중앙행정기관의 장이 보건복지부장관과의 협의하여 정한다. 그리고 지방자치단체인 보장기관은 해당 지방자치단체의 조례로 정하는 바에 따라 급여기준을 정한다. 이 경우, 해당 보장기관은 보건복지부장관 및 소관 중앙행정기관의 장에게 알려야 한다.

도둑들

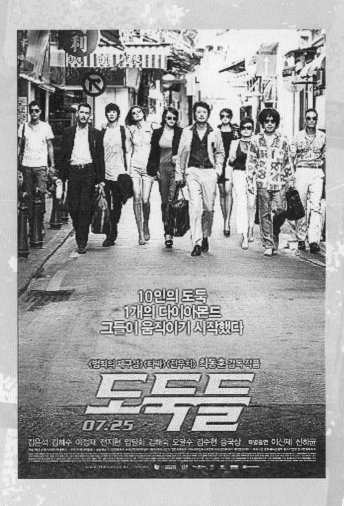

범죄, 액션, 드라마/한국/135분/2012.7.25. 개봉
감독 최동훈
출연 김윤석(마카오 박), 김혜수(팹시), 이정재(뽀빠이) 등
15세관람가

The Thieves, 2012

전 세계적으로 주목 받는 다이아몬드 '태양의 눈물'. 그 한 개의 다이아몬드를 훔치기 위해 10인의 도둑들이 모인다. 다이아몬드의 주인은 홍콩에서 악명 높은 장물아비. 성공의 보장도 없고, 실패할 경우 목숨까지 위험할 수 있는 계획이지만 1,000만 달러라는 유혹 앞에 10인의 도둑들은 작업을 시작한다. 하지만 각기 원하는 목적이 다르고, 팀보다는 개인의 이익을 챙기고자 하는 이들의 모습이 그려진다.

도둑들

마카오 박
(김윤석 분)

　엄청난 계획을 세우고 도둑들을 불러 모은 대장.

　팹시(김혜수 분)를 마음에 두고 있었지만 팹시, 뽀빠이(이정재 분)와의 작업 중 와이어가 끊어지는 사고로 큰 부상을 당하고 자취를 감춘 뒤 홍콩에서 활동 중에 있다.

그 다이아몬드
우리가 다 먹는거야
한국팀의 보스, 뽀빠이

《범죄의 재구성》〈타짜〉 최동훈 감독

도둑들

07.25

뽀빠이
(이정재 분)

영화에서 배신의 아이콘.

팹시를 좋아해서였는지 아니면 돈 때문이었는지... 아무튼, 마카오 박의 와이어를 미리 끊어놓음으로써 배신을 한다. 나중에 다이아몬드도 혼자 가지려 하고, 예니콜(전지현 분)한테도 사기를 친다.

예니콜
(전지현 분)

섹시한 줄타기 전문가.

섹시하면서 터프하면서도 어딘가 모르게 모자라는 느낌도 주지만 영화에서는 매우 매력적이고 섹시한 아이콘으로 등장한다.

팹시
(김혜수 분)

섹시함과 카리스마가 묻어나는 금고털이 전문가.

뽀빠이가 마카오 박의 와이어를 일부러 끊었다는 사실을 모르고 있었지만 후반부에 사실을 알게 되고 마음이 흔들린다.

술 없으면
연기가 안돼
연륜의 연기파 도둑, 씹던껌

씹던껌
(김해숙 분)

연륜이 넘치는 중견도둑.

이혼 3번. 젊었을 때 벌어둔 그 많은 돈은 딸한테 갖다줘 모은 돈도 없다.

이혼한 지 10년이 지났지만 로맨스를 꿈꾸고 있다.

일만 해야지
서로서로 쿨하게
순정파 신참 도둑, 잠파노

〈범죄의 재구성〉〈타짜〉 최동훈 감독

도둑들
07.25

잠파노
(김수현 분)

신참 도둑.

　뽀빠이에게 와이어 조종을 배우고 있고 숨기(?) 전문으로서, 예니콜을 좋아한다. 나중에 예니콜을 구하고 경찰에 체포된다.

도둑놈들이랑 일하려니까
불안불안하네
소심한 총잡이, 앤드류

《범죄의 재구성》《타짜》 최동훈 감독

도둑들

07.25

앤드류
(오달수 분)

소심한 총잡이인 중국팀의 멤버.

중국인인 척 하지만 나중에 예니콜이 얼굴에 뜨거운 물을 들이붓자 "앗 뜨거 뜨거 뜨거" 하면서 한국말이 튀어나와 한국인임이 밝혀진다.

도둑들

한 팀으로 활동 중인 뽀빠이와 예니콜, 씹던껌, 잠파노는 미술관을 터는 데 성공한다. 행운인지 모르지만, 이들은 뽀빠이의 과거 파트너였던 마카오 박으로부터 홍콩에서의 새로운 계획을 듣게 된다. 그리고 마카오 박이 초대하지 않은 손님으로, 감옥에서 막 출소한 금고털이 팹시가 합류하여, 5명이 각자 인생 최고의 반전을 꿈꾸며 홍콩으로 간다.

홍콩에서 한국 도둑들을 기다리고 있는 4인조 중국 도둑 첸, 앤드류, 줄리, 조니 등 최고의 전문가들이 합류된 가운데 서로에 대한 경계를 늦추지 않는 한국과 중국의 도둑들에게 팽팽히 흐르는 긴장감 속에 나타난 마카오 박은 자신이 계획한 목표물을 밝힌다.

그 목표물은 마카오 카지노에 숨겨진 희대의 다이아몬드 〈태양의 눈물〉이다. 성공을 장담할 수 없는 위험천만한 계획이지만, 약 1천만 달러 상당의 달콤한 제안을 거부할 수 없어서 이들은 "태양의 눈물"을 훔치기 위한 작업에 착수한다.

진짜 의도를 알 수 없는 비밀스런 마카오 박과 그런 마카오 박의 뒤통수를 노리는 뽀빠이, 마카오 박에게 배신당한 과거의 기억을 잊지 못하는 팹시와 팀보다 눈앞의 현찰을 먼저 챙기는 예니콜 그리고 한국 도둑들을 믿지 않는 첸과 중국 도둑들. 이들은 각자 합류한 목적은 다르지만, 엄청난 가치의 "태양의 눈물"을 훔치기 위한 공통된 목적을 갖고, 10인의 도둑은 자신이 가지고 있는 특기를 바탕으로 자신만의 계획을 시작한다.

"태양의 눈물"은 홍콩의 웨이홍(기국서 분)이라는 보스의 물건으로, 약 시가 300억에 이르는 다이아몬드 목걸이다. 이는 웨이홍의 여인인 티파니라는 여자가 소유하고 있었다. 그러나 웨이홍은 팔목에 나비문신한 사람으로 아무도 그의 얼굴을 보지 못했으며, 웨이홍의 물건을 훔친 사람은 지금까지 모두 죽었다고 한다.

마카오 박은 이 모든 사실을 알면서도, 태양의 눈물을 훔쳐 웨이홍에게 다시 높은 값에 되팔자고 주장하지만, 중국멤버의 대장 첸(임달화 분)은 위험하다며 말린다. 결국 함께 거사에 참여하게 된다.

그리고 계획을 세우는 과정에서 뽀빠이와 팹시는 마카오 박을 배신할 계획을 세우고 가짜 목걸이를 한국에서 공수해 온다. 4년 전 마카오 박이 이들을 배신했다고 알고 있기 때문이다.

이후에 반전의 사실이 드러난다. 사실 마카오 박의 계획은 철저히 계획된 "뒷통수치기(?)"이다. 또한 중국팀의 멤버였던 줄리(리신제 분)는 경찰이었다(줄리의 아버지는 최고의 금고털이 도둑으로, 그 실력을 줄리도 물려받았지만 아버지의 길을 따르지는 않았다). 이 계획은 웨이홍을 추적하고자 마카오 박을 이용하기 위해 중국 팀에 몰래 합류한 것이었다.

작업 도중 마카오 박의 계획된 배신이었다는 사실을 알게 된 멤버들은 꼼짝없이 카지노 안에 갇히게 되고 우왕좌왕하며 각자 도망을 간다. 결국 잠파노는 예니콜을 구하려다 체포되고, 씹던껌은 첸과 함께 도주한다. 첸은 총상을 입어 씹던껌에게 "미안하다"라는 말을 남기고 사망한다. 씹던껌은 "아니에요, 내가 꿈을 잘못 샀어요"라고 말하고 역시 다른 차와 충돌로 사망한다.

팹시와 뽀빠이, 앤드류는 카지노 현장에서 체포되어 경찰차를 타고 이동하던 중, 금고따기 전문 팹시가 앤드류와 뽀빠이의 수갑을 먼저 풀어주게 된다.

그러나 그 사이 경찰과 앤드류와 뽀빠이의 주먹다툼으로 열쇠가 팹시의 손에서 떨어져 나간다. 우왕좌왕하던 경찰차가 바다에 빠지게 되고 혼자 수갑을 풀지 못한 팹시는 꼼짝없이 차에 갇힌 채 바다에 천천히 가라앉으며 정신을 잃게 되지만, 앤드류와 뽀빠이는 도와주지 않고 도망친다. 이때 마카오 박이 팹시를 구해주고, 정신을 차린 팹시의 손에는 이상한 열쇠 하나가 쥐어져 있다.

팹시는 예니콜, 뽀빠이, 앤드류와 만나게 되고, 마카오 박이 부산으로 갔다는 정보를 입수하고 한국으로 돌아와, 마카오 박이 살고 있는 부산의 한 아파트로 간다.

도둑들팀이 마카오 박을 도청하는 과정에서 예전에 뽀빠이가 마카오 박의 와이어를 끊어 배신을 때린 사실과 그 사건에 얽힌 이야기를 팀원 모두가 듣게 되고, 팹시 또한 모든 사실을 알게 된다.

4년 전, 팹시, 뽀빠이, 마카오 박은 함께 활동을 하고 있었고, 마카오 박과 팹시는 서로에게 마음이 있었다. 어느 날, 돈과 사랑에 눈먼 뽀빠이가 작업 와이어를 미리 끊어놓아 마카오 박이 건물 아래로 떨어지게 된다. 마카오 박이 떨어지자 팹시는 그를 구하기 위해 무작정 아래층으로 내려가다 CCTV에 얼굴이 찍혔고 용의자가 되어 경찰에 자수한다.

뽀빠이는 금괴를 마카오 박과 나누지 않으려 그런 일을 저질렀지만 마카오 박이 금괴가 든 주머니를 든 채 아래층으로 떨어져버렸고 이후 보름 동안 소식이 없었다. 뽀빠이와 팹시는 마카오 박이 어마어마한 금괴를 가지고 혼자 도망간 것이라 생각하게 된다.

팹시는 처음엔 마카오 박이 돌아올거라 믿었지만, 보름째 되던 날 뽀빠이에게 "니 말이 맞았어. 그 사람은 다시 안와"란 말을 남기고 뽀빠이에게 의지하게 된다. 그리고 마카오 박이 정말로 금괴를 모두 가지고 도망간 것으로 알게 된다.

사실 마카오 박은 떨어진 이후에 다리를 크게 다쳐 정신없이 하수구를 통해서 기어서 돌아오고 있었고 그래서 보름이라는 긴 시간이 걸린 것이었다. 아무튼 보름째 되던 날, 마카오박은 그들의 본거지에 겨우겨우 도착을 하였는데... 하필 이날 팹시가 뽀빠이에게 마음을 주는 장면을 목격하게 된다. 그래서 저 둘에겐 "내가 필요 없겠구나"라고 생각을 하고 잠수를 탄 것이었다.

마카오 박은 와이어를 끊은 게 뽀빠이라는 것을 알고 있었다. 와이어 담당은 남자였기 때문이다. 그런데 팹시와 뽀빠이가 안고 있는 장면을 보고 팹시도 그 계획에 함께 동조했을 거라고 오해하게 된다.

4년 후 "태양의 눈물" 계획으로 팹시와 다시 만나게 됐을 때, 팹시가 "그때 왜 날 버렸어"라고 화를 내고 마카오 박을 진심으로 미워하는 모습을 보고, 팹시는 뽀빠이가 와이어를 끊어놓은 사실을 모르고 있으며 그 계획에 동참하지 않았다는 사실을 알게 된다.

마카오 박은 뽀빠이에게 복수하려고 이 계획에 일부러 끌어들인 것이다. 또한 그는 처음부터 팹시와 함께 하려는 마음도 없었다. 다만 금고털이가 필요하여서 뽀빠이를 끌어들인 것이다. 마카오 박이 뽀빠이에게 "팹시를 왜 데려왔어. 당장 팹시를 돌려보내"라는 말을 하는 것을 도청장치를 통해 들은 당시에 팹시는 마카오 박의 방에서 "태양의 눈물"을 발견한다.

하지만 이 모든 사실을 알게 된 팹시는 목걸이를 그대로 놔두고 방에서 나오게 된다. 원래는 가짜 목걸이와 바꾸어 놓아야 했는데, 그렇게 되면 가짜 목걸이를 웨이홍에게 가져간 마카오 박이 위험하게 될 것을 알았기 때문이다.

그리고 팹시가 그 방에서 나오는 것을 보고 예니콜이 그 방에 목걸이가 있다는 사실을 알게 되고 팹시가 문을 따주지 않고 "니가 알아서 들어가"라고 하자 창문을 통해 방에 들어가서 가짜 목걸이와 바꾸어 놓는다.

웨이홍과 만난 마카오 박의 이야기가 나온다. 마카오 박이 어렸을 때... 사실 중국멤버였던 첸과 마카오 박의 아버지가 함께 "태양의 눈물" 목걸이를 훔쳤고 웨이홍에게 다시 팔러 갔었다. 그 자리에서 마카오 박의 아버지는 끝까지 큰 액수를 요구했지만 그 대가로 웨이홍에게 총을 맞고 사망하였다. 그것을 보고 겁에 질린 첸은 목걸이를 내어주고 비참하게 지폐 몇장을 받았다. 이 모든 광경을 침대 밑에서 지켜보고 있던 마카오 박이 아버지의 복수를 위해 일을 꾸민 것이다.

영화는 마카오 박과 웨이홍 일당의 쫓고 쫓기는 액션씬으로 이어지고, 이 싸움 중 간신히 도망친 마카오 박이 부산항에 도착하고 이어서 웨이홍과 팹시, 줄리도 부산항에 노착한다. 줄리가 팹시를 체포하려는 장면을 목격한 마카오 박은, 주의를 끌기 위해 웨이홍을 부르고 웨이홍이 마카오 박에게 총을 난사한다. 줄리는 웨이홍을 총으로 쏴 죽이게 된다.

진품인 "태양의 눈물"을 훔친 예니콜은 가짜를 뽀빠이에게 던져주고, 뽀빠이는 또 이걸 가지고 예니콜을 배신하고 도망간다. 예니콜이 앤드류에게 뽀빠이를 잡으라고 하고, 뽀빠이가 도망가자 앤드류는 이상하게 생각해서 쫓아간다. 차에 부딪힌 뽀빠이가 "태양의 눈물"을 떨어뜨리고 넘어졌는데, 그 위로 오토바이가 지나가서 목걸이가 박살난다. 뽀빠이는 가짜인걸 알고 "예니콜~~~~!!" 하고 부르짖는다. 진짜를 가진 예니콜은 유유히 현장을 빠져나간다.

법률
산책

도둑들

1. 반사회질서의 법률행위

영화 속에서 마카오 박이 팀원들의 절대적인 도움을 받아, "태양의 눈물"을 훔치는 데 성공한다. 이 경우, 훔친 데 기여를 한 팀원들이 마카오 박을 상대로 민사소송을 제기하여 "태양의 눈물"에 대한 지분을 요구할 수 있을까? 마카오 박은 팀원들에게 구두로 분배를 약속한다.

이 경우, 구두계약은 당사자 사이에 효력이 있는가?라는 문제가 있다. 아래에서는 계약의 종류와 그 효력에 관하여 살펴보기로 한다.

(1) 계 약

넓은 의미의 계약은 단독행위 및 합동행위와 대립되는 개념으로서 복수당사자의 반대방향의 의사표시의 합치에 의하여 성립하는 법률행위이며 법률효과가 대립적·교환적으로 나타난다. 계약은 내용에 따라 물권계약·채권계약·신분계약 등으로 구분되며, 그중에서 채권계약을 좁은 의미의 계약이라고 한다. 계약은 일반적으로 좁은 의미의 계약을 말하며, 사무관리·부당이득·불법행위와 더불어 채권의 발생원인이 된다.

계약은 다양한 기준에 따라 전형계약(典型契約)·비전형계약(非典型契約), 쌍무계약(雙務契約)·편무계약(片務契約), 유상계약(有償契約)·무상계약(無償契約), 낙성계약(諾成契約)·요물계약(要物契約), 요식계약(要式契約)·불요식계약(不要式契約), 계속적 계약, 일시적 계약, 본

계약(本契約) · 예약(豫約) 등으로 나눌 수 있다(출처: 두산백과).

아울러 계약의 종류에 관하여는 크게 5가지로 구분할 수 있다.

즉, 계약의 종류는 아래와 같이 5가지가 있다.

① 전형계약 · 비전형계약: 민법 제3편 제2장에 있는 15가지의 계약을 전형계약(유명계약)이라 하고, 그 밖의 계약을 비전형계약(무명계약)이라고 한다. 후자는 계약자유의 원칙과 거래관계가 복잡해지면서 전형계약의 내용과는 다른 특수한 계약으로 생성되고 있다.

② 쌍무계약 · 편무계약: 계약의 각 당사자가 서로 대가적(對價的) 의미를 가지는 채무를 부담하는 계약을 쌍무계약이라 하고, 당사자의 일방만이 채무를 부담하거나 또는 쌍방이 채무를 부담하더라도 그 채무가 서로 대가적 의미를 가지지 않는 계약을 편무계약이라 한다. 매매 · 교환 · 임대차 등은 쌍무계약이고, 증여 · 사용대차(使用貸借) 등은 편무계약이다.

③ 유상계약 · 무상계약: 계약당사자가 서로 대가적 의미 있는 재산상의 출연(出捐)을 하는 계약이 유상계약이고, 계약당사자 중 한쪽만이 출연하든지 또는 쌍방 당사자가 출연을 하더라도 그 사이에 대가적 의미가 없는 계약은 무상계약이다. 쌍무계약은 모두 유상계약이고 증여 · 사용임차 등은 무상계약이다.

④ 낙성계약 · 요물계약: 당사자의 합의만으로 성립하는 계약을 낙성계약이라 하고, 합의 이외에 급여를 하여야만 성립하는 계약을 요물계약이라 한다. 현상광고는 응모자가 특정의 행위를 완료함으로써 계약이 성립하는 요물계약이고, 그 이외 민법의 전형계약은 모두 낙성계약이다.

⑤ 요식계약 · 불요식계약: 어음행위와 같이 계약 체결에 일정한 형식을 필요로 하는 계약을 요식계약이라 하고, 계약 자유의 원

칙에 따라 아무런 형식을 요하지 않는 계약을 불요식계약이라고 한다.

그리고 계약의 성립에 관해서, 계약은 당사자의 의사표시의 합치에 의하여 성립한다. 즉, 구체적으로는 청약에 대한 승인의 의사표시가 청약자에 도달한 때에 계약이 성립한다(낙성계약의 경우). 다만, 격지자간(隔地者間)의 계약은 승낙의 통지를 발송한 때 계약이 성립하는데, 이것은 의사표시의 효력발생시기에 관한 민법의 도달주의(민법 제111조)에 대한 예외이다(민법 제531조).

계약은 당사자 간의 합의 이외에 교차청약(민법 제533조)에 의해서도 성립할 수 있고(예컨대, A가 B에게 사진기를 20만 원에 팔겠다는 청약을 한 데 대하여 B가 그 청약을 수령하기 전에 A에게 그 사진기를 20만 원에 사겠다고 청약한 경우에는 두 청약이 상대방에 도달한 때 계약이 성립한다), 또 의사실현에 의하여도 성립할 수 있다(민법 제532조). 즉, 청약자의 의사표시나 관습에 의하여 승낙의 통지가 필요하지 않은 경우에는 계약은 승낙의 의사표시로 인정되는 사실이 있을 때에 성립한다(예컨대, 청약과 동시에 송부된 물품을 소비하는 경우, 손님으로부터 청약을 받아 객실을 마련하는 경우 등).

따라서 계약은 서면에 의해서든, 구두에 의해서든 방법과 관계없이 당사자 사이에 청약과 승낙의 합의, 교차청약 또는 의사실현에 의하여 성립하고, 성립되면 효력에 관하여 흠이 없는 한 효력이 발생하게 된다. 그러나 계약이 강행법규에 반하는 경우에는 해당 계약은 무효가 된다.

영화 속에서 마카오 박이 팀원들과 분배를 약속한 것은 구두계약으로서 강행규정인 사회질서에 위반한 행위가 되어, 무효가 된다(민법 제103조). 그러므로 팀원들이 마카오 박에게 분배약속의 이행청구를 하는 것은 효력이 없다. 즉, 분배청구를 하더라도 이는 무효이다.

(2) 반사회질서행위

> **민법 제103조**
>
> ■ 선량한 풍속 기타 사회질서에 위반하는 사항을 내용으로 하는 법률행위는 무효로 한다.

1) 개 념

"선량한 풍속"은 과거의 선량한 형태가 축적된 현재의 풍속이 기준이 되는 것으로 사회의 일반적 윤리(도덕)개념이다. "사회질서"란 과거가 아닌 현재의 질서형태가 기준이 되는 공익개념이다. 또한 "선량한 풍속 기타 사회질서"란 사회의 건전한 도덕개념과 사회생활의 평화와 질서를 유지하는 데 있어서 일반 국민이 반드시 지켜야 하는 일반개념이다.

2) 요 건

첫째, 주관적 인식의 여부인데, 긍정과 부정의 견해가 나누어지지만, 주관적 인식이 인정되어야 한다는 것이 다수견해이다. 둘째, 동기의 반사회성의 인정이다. 판례는 동기가 표시되지 않았더라도 상대방이 알았거나 알 수 있었을 경우에는 해당 행위는 무효로 보고 있다 (대판 1994.3.11. 93다40522). 그 이유는 반사회성이 있는 동기가 표시된 경우에는 물론 표시되지 않았지만 상대방이 이를 알았거나 알 수 있었을 경우에는 반사회성이 사회질서에 편입되었기 때문이다. 셋째, 반사회질서의 법률행위의 판단시기는 법률행위 당시를 기준으로 한다.

3) 유 형

매우 다양한 형태로 반사회질서행위가 존재한다. 첫째, 정의관념에 반하는 행위 즉, 범죄행위를 내용으로 하는 계약, 매도인의 배임행위에 적극 가담하는 이중매매, 약정에 의하여 정의관념에 반하는 경우, 경제정의 관념에 배치되는 경우, 공무원의 정당한 직무수행에 뇌물을 받는 행위, 금전을 받고 증인신청을 취소하는 행위 등이 그 예이다. 둘째, 인륜·신분질서에 반하는 행위 즉, 부자 또는 부부 사이의 인륜을 해하는 행위, 독신약관, 첩계약, 현재의 처와 이혼하면 혼인한다는 계약, 부모와 자가 동거하지 않는다는 계약, 자녀가 부모에 대하여 손해배상을 청구하는 행위, 부부관계의 종료를 해제조건으로 하는 증여계약이 그 예이다. 셋째, 개인의 자유를 심히 제한하는 행위 즉, 인신매매, 성매수행위, 성판매행위, 노동3권을 박탈·제한하는 행위, 노동관계법에 위배하는 계약이나 취업규칙, 고용주와 피고용자와 사이에 퇴직 후 일정한 영업을 하지 않는다는 계약, 영업양도자가 일정한 기간 같은 종류의 영업을 하지 않는다는 계약, 넷째, 생존의 기초재산에 관한 처분행위 즉, 사찰존립에 필수불가결한 임야의 증여계약, 장차 취득할 재산 모두를 양도하는 계약, 폭리행위 등이 그 예이다.

그러나 양도소득세 회피를 목적으로 하는 매매 또는 명의신탁, 강제집행면탈 목적의 허위의 부동산근저당설정등기행위, 전통사찰의 주지직의 양도양수를 위한 거액금액의 수수약정행위, 부첩관계를 해소하는 금전지급약정행위, 법률에 근거한 복권발행행위, 정당한 매매계약체결 후 목적물이 범죄행위로 취득한 것을 알고 한 소유권이전등기행위 등은 반사회질서행위에 해당되지 않아 유효하다.

4) 효 과

법률행위의 목적이 사회질서를 위반하면, 그 법률행위는 무효이다. 무효는 절대적이어서 선의의 제3자에게도 미치고, 사회질서위반의 무효인 행위를 추인하여도 새로운 법률행위의 효과가 발생하지 않는다.

2. 장물죄

영화 속에 마카오 박은 온갖 범법행위를 저지른다. 그중에 마카오 박은 웨이홍이 이미 훔쳐서 가지고 있던 "태양의 눈물"을 다른 범죄인들과 함께 훔친다. 이 경우, 마카오 박은 절도죄가 성립되는가? 아니면 장물죄가 성립되는가?

🄰 웨이홍이 훔친 태양의 눈물은 장물이고, 이를 다시 마카오 박이 훔친 행위는 절도죄에 해당된다. 만약 마카오 박이 다른 도둑들이 훔친 물건을 보관하고 있는 경우에는 절도교사죄와 장물죄가 경합된다고 해석된다.

(1) 절도죄

> **형법 제329조(절도)**
> ■ 타인의 재물을 절취한 자는 6년 이하의 징역 또는 1천만원 이하의 벌금에 처한다
>
> **제342조(미수범)**
> ■ 제329조 내지 제341조의 미수범은 처벌한다.

절도죄는 점유하는 타인의 재물(순수재물)을 절취(훔침)함으로써 성립하는 재산죄의 대표범죄이다. "타인의 재물"이란 타인의 단독 또는 공동소유이든 관계없다. "타인의 점유"란 타인이 소유하는 재물뿐만 아니라 점유하는 물건으로서, 단독점유이든 공동점유이든 관계없다. "절취"란 타인이 점유하는 타인의 재물을 그 의사에 반하여 자기 또는 제3자의 점유로 옮기는 것(점유배제와 새로운 점유취득)을 말한다. "점유배제"란 점유자 또는 처분권자의 의사에 반해, 재물에 대한 그의 사실상 지배를 배제하는 것을 말한다. 예를 들면, 점유자의 한눈을 팔게 하고 가방을 훔치는 경우, 중고자동차를 살 의사 없이 시운

전을 빙자하여 차를 운전하여 도망간 경우(이 경우 사기죄도 성립됨) 등이다. "점유취득"이란 행위자가 재물에 대하여 방해받지 않는 사실상 지배를 갖는 것을 말한다.

그 밖에 일반 절도죄에 다른 범죄이지만 절도죄의 종류로는 야간 주거침입절도죄(형법 제330조: 야간에 사람의 주거, 간수하는 저택, 건조물이나 선박 또는 점유하는 방실에 침입하여 타인의 재물을 절취하는 자는 10년 이하의 징역에 처한다), 특수절도죄(형법 제331조: ① 야간에 문호 또는 장벽 기타 건조물의 일부를 손괴하고 전조의 장소에 침입하여 타인의 재물을 절취한 자는 1년 이상 10년 이하의 징역에 처한다. ② 흉기를 휴대하거나 2인 이상이 합동하여 타인의 재물을 절취한 자도 전항의 형과 같다), 상습절도죄(형법 제332조: 상습으로 제329조 내지 제331조의2의 죄를 범한 자는 그 죄에 정한 형의 2분의 1까지 가중한다) 등이 있다.

(2) 장물죄

> **형법 제362조(장물의 취득, 알선 등)**
> ① 장물을 취득, 알선, 운반 또는 보관한 자는 7년 이하의 징역 또는 1천500만원 이하의 벌금에 처한다.
> ② 전항의 행위를 알선한 자도 전항의 형과 같다.

"장물죄"란 장물을 취득, 양도, 운반 또는 보관하거나 이러한 행위들을 알선하는 범죄를 말한다. "장물"이란 절도, 강도, 사기, 공갈, 횡령 등 재산범죄에 의하여 영득한 재물을 말한다.

먼저 장물죄의 주체는 본범 이외의 자에 한한다. 본범인 단독정범, 합동범, 공동정범, 간접정범 등은 본죄의 주체가 될 수 없다. 따라서 본범은 장물죄의 주체가 될 수 없으므로 본범이 장물을 취득하는 등의 행위는 장물죄에 해당되지 않는다. 하지만 교사범과 방조범은 장물죄의 주체가 될 수 있다. 즉, 횡령교사를 한 후 그 횡령한 물건을 취득한 때에는 횡령교사죄와 장물취득죄의 경합범이 성립된다(대판

1969.6.24. 69도692). 그러나 교사범은 정범과 같이 처벌하므로(형법 제31조), 교사범이 장물을 취득한 때에는 장물취득죄가 성립되지 않는다는 견해도 있다.

한편 판례에 따르면, "장물죄는 타인(본범)이 불법하게 영득한 재물의 처분에 관여하는 범죄이므로, 자기의 범죄에 의하여 영득한 물건에 대하여는 성립되지 아니하고 이는 불가벌적 사후행위에 해당한다"고 한다(대판 1990.7.10. 90도1176). "불가벌적 사후행위"란 주된 범죄가 성립된 이후의 행위로서 외형상으로는 범죄행위이지만 주된 범죄의 내용에 당연히 포함되는 것으로서 별도의 범죄가 되지 않는 행위를 말한다. 예를 들면, 타인의 재물을 절취하여 소비하거나 파손한 경우에는 절도죄만 성립하고 사후행위인 횡령죄나 재물손괴죄는 성립하지 않는다.

그러므로 배임수재죄에 의하여 취득한 재물, 특별법상 재산범죄에서 취득한 재물 즉, 특가법상 상습절도죄, 상습강도죄에서 취득한 재물, 장물죄에서 취득한 장물(연쇄장물) 등은 여기에 해당된다. 그러나 권리행사방해죄에 의하여 취거한 장물은 즉, 타인의 점유 또는 권리의 목적이 된 자기의 물건을 취거, 은닉, 손괴하는 범죄(형법 제323조)에 의하여 취거한 장물은 견해가 나뉜다.

그리고 장물은 재산범죄에 의해 위법하게 영득한 재물이므로 본범은 재산범죄의 구성요건에 해당하고 위법한 행위이면 족하고 책임, 처벌조건, 소추조건까지 갖출 필요는 없다. 따라서 책임무능력자가 영득한 재물, 정당한 이유가 있는 법률의 착오에 의하여 영득한 재물, 강요된 행위에 의해 영득한 재물도 장물이 될 수 있다.

의뢰인

사라진 증거, 사건을 재구성하라!

의뢰인

하정우 박희순 그리고 장혁   성동일 김성령 정원중 유다인 박혁권   2011. 9

드라마, 스릴러/한국/123분/2011.9.29. 개봉
감독 손영성
출연 하정우(강성희), 박희순(안민호), 장혁(한철민) 등
15세관람가

The Client, 2011

피로 물든 침대, 사라진 시체 그리고 살인 혐의. 재판이 끝나기 전까진 누구도 믿을 수 없다. 시체 없는 살인사건, 하지만 명백한 정황으로 붙잡힌 용의자는 피해자의 남편. 여기에 투입된 변호사와 검사의 치열한 공방과 배심원을 놓고 벌이는 그들의 최후 반론. 어떤 결말도 예상할 수 없는 치열한 법정 대결, 이제 당신을 배심원으로 초대한다.

줄거리

의뢰인

출장을 갔다가 집에 돌아온 한철민(장혁 분)은 침대에 흥건한 핏자국과 함께 아내의 모습이 보이지 않는 것에 당황하고 그는 서정아(철민의 아내, 유다인 분)의 살인범으로 현장에서 체포되고 만다.

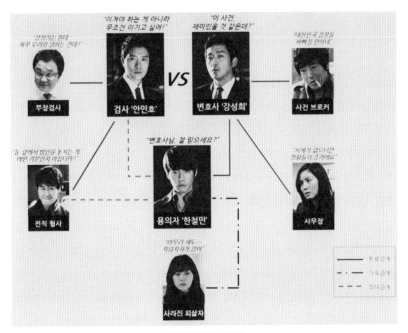

[인물역할과 관계]

평소 의처증이 심한 걸로 알려진 그는 계획적으로 아내를 살해한 뒤 암매장하여 아무 일도 없다는 듯이 집으로 돌아와 체포를 당한 것으로 이는 순전히 정황적인 증거에 의해 체포된 것이다.

브로커인 장호원(성동일 분)의 권유에도 불구하고 한철민 사건에 관심이 없었던 강변호사(하정우 분)는 유치장에서 철민이 목을 매 자살을 하려 했다는 사실에 사건에 관심을 갖게 된다.

안민호 검사(박희순 분)는 이 사건의 범인을 한철민이라고 확신한다. 한편 강변호사는 사건이 믿음의 문제가 아니라며 두 사람이 만족할 만한 결과를 얻는 데에 집중을 하겠다고 한다. 그리고 철민이 무죄라고 생각지 않았던 강변호사는 사건의 담당자인 안민호 검사를 찾아가 정상 참작의 여지를 묻지만 안검사는 여지가 없다고 잘라 말한다.

한편 강변호사는 증거 불충분으로 풀려나게 되면 후회하지 말라며 안검사와의 대결을 선언한다. 한철민의 체포과정이 마치 잘 짜여진 각본처럼 일사천리로 진행되었다는 사실에 강변호사는 호원(성동일 분)을 비롯해 사무장(김성령 분)에게 하나씩 조사를 맡기고, 검찰측에선 한철민의 사건을 빨리 마무리짓기 위해 바삐 움직인다.

검찰측 수장인 부장검사(정원중 분)는 담당 판사를 찾아가 한철민 사건을 빨리 끝낼 것을 요구하지만 철민이 배심원 선정을 신청하여 재판이 연기되고 강변호사는 조사에 필요한 시간을 번다.

강변호사는 철민이 살고 있는 아파트 경비로부터 사건당일 옆동의 주차장에 세워진 차들이 갑자기 경보음을 울려 경비실을 오랜 동안 비워둘 수밖에 없었다는 것을 알게 되고, 한철민 사건엔 이상한 점이 하나씩 나타난다.

결정적인 증거 확보를 위해 CCTV업체를 찾아간 강변호사는 담당형사가 사건 당일 새벽 1시 30분쯤에 CCTV 자료를 모조리 회수해갔다는 사실에 석연치 않은 예감이 든다. 왜냐하면 1시 30분은 사건이 발생한 시각으로 경찰은 마치 사건이 일어날 것을 미리 알고 있었다는 듯이 자료를 회수해 갔기 때문이다.

　　강변호사는 탁자에 놓여있던 초를 통해 철민의 알리바이를 증명하려 했지만 안검사 역시 초를 주목하고 있었다. 하지만 그는 강변호사와 달리 현장에 놓여 있던 초가 철민이 집에 미리 들렀다는 증거가 될 거라고 생각을 한다.

　　한편 한철민 사건의 첫 공판에서 강변호사는 안검사와 치열한 공방을 벌였지만 첫 공판은 이렇다 할 성과 없이 금방 끝나 버린다.

　　서정아가 일하던 회사를 찾아간 강변호사는 철민의 장모가 딸에 대한 지나친 소유욕으로 철민과의 결혼을 반대했다는 것을 알게 되고 서정아는 의처증으로 힘들어 했던 게 아닌 의부증으로 정신과 치료를 받고 있었다는 사실도 알게 된다.

　　문제의 CCTV 화면을 확보한 안검사는 범인으로 보이는 한 남자가 사건당일 엘리베이터에 오르는 것을 보게 되고, 부장검사는 계획대로 되지 않으면 다 죽는 거라며 그에게 검찰 전체가 웃음거리가 될 수 있음을 경고한다.

　　강변호사는 사건당일 CCTV를 회수한 이형사를 법정 증인으로 요청하게 되고 이형사는 강변호사와 거래를 제안하지만 안검사가 이형사에게 미행을 붙여 이형사는 거래를 취소하고 만다. 그리고 안검사는 CCTV에 찍힌 문제의 남자와 만남을 시도하고 범인인줄 알았던 CCTV속의 그 남자는 한때 형사로 활약했던 서경사로 그는 철민에 관한 자료를 강변호사의 집에 몰래 두고 나온 것이다. 그리고 익명의 자료를 보게 된 강변호사는 철민이 서북 부녀자 살인사건의 강력한 용의자였다는 사실을 알게 된다. 서북 부녀자 살인사건은 19세의 피해자가 강간을 당한 뒤 얼굴이 바닥에 부딪혀 그 형체를 알아볼 수가 없을 정도로 참혹한 사건이다.

철민을 이 사건의 가장 유력한 용의자로 비공개로 3일 동안 수사를 받았지만 증거 불충분으로 풀려났고 서경사는 그 일로 인해 스스로 경찰서를 떠났던 것이다. 철민이 비공개로 수사를 받았을 때 그를 직접 담당했던 최교수를 찾아간 강변호사는 왜 경찰이 그를 범인으로 지목했는지를 묻게 되고 최교수는 무표정한 얼굴에 지문도 없는 철민이 3일 동안 계속된 취조에도 불구하고 전혀 흔들림이 없어 오히려 경찰을 지치게 만들어 강한 심증을 가지게 만들었다고 한다.

하지만 당시 경찰의 요구로 철민과 대면했던 최교수는 그가 범인이라는 확신을 얻기 위해 심리적 압박용품을 이용해 그를 주시했지만 그는 정말 범인이 아닌 것처럼 심리적 트릭에 걸려들지 않았고 그래서 철민은 비공개 수사 3일 만에 풀려날 수 있었던 것이다.

한편 서북 부녀자 살인사건에 대해 조사를 벌이던 강변호사는 당시 그 사건

을 담당했던 검사가 안민호 검사라는 것을 알게 되고 철민을 찾아간 강변호사는 왜 그 사실을 숨겨왔냐며 소리쳤지만, 그는 정말 철민이 자신의 아내를 죽였을지도 모른다는 생각을 한다.

이에 강변호사는 자신이 맡은 시건에 자신감을 잃어버리지만, 브로커인 호원은 한 번도 강변호사가 재판에서 진다고 생각해본 적이 없다며 그에게 용기를 준다.

정말 아내를 죽인 게 아니냐는 강변호사의 말에 철민은 자신이 유일하게 믿을 수 있는 사람이 강변호사뿐인데 그조차 자신을 믿지 않는다며 눈물을 흘렸고, 그는 정말 아내를 죽이지 않았다며 아내의 죽음조차 인정할 수가 없다고 말한다.

그렇게 2차 공판이 시작된다. 안검사는 철민의 장모를 증인으로 내세워 증인 신문에 들어간다. 철민의 장모는 딸이 죽기 3일 전에 자신을 찾아와 남편은 자신이 알던 사람이 아니라며 자신을 죽일지도 모른다는 말을 했고, 또한 결혼 후 딸이 다른 사람이 되어 버렸다며 모든 게 다 철민의 잘못이라고 말한다.

안검사가 증인신문을 마치자 강변호사가 철민의 장모를 상대로 반대신문을 펼쳤고 그는 장모가 딸에 대한 집착이 심했다는 점과 서정아를 두 달간 기도원에 강제 수용시켰던 점을 끌어내 그녀의 광신도 기질을 법정에서 공개했고 그렇게 2차 공판은 끝난다.

그러나 CCTV에 확실한 무언가가 있다는 것을 눈치 챈 강변호사의 사무장이 검사실 직원에게 뇌물을 주고 CCTV를 확보하지만 그것은 안검사측이 파놓은 함정으로 강변호사는 뇌물수수혐의로 곤란한 상황에 놓인다.

강변호사가 안검사의 아버지인 안교수를 자신의 변호인으로 내세우자 부장검사와 안검사는 강변호사를 뇌물수수혐의로 변호사직을 박탈하려는 일이 쉽게 풀리지 않을 거라는 것을 깨닫게 된다.

그리고 안검사와 강변호사는 판사에게 서로의 입장을 주장하지만 판사는 두 사람을 중재하여 CCTV건을 증거자료로 내세울 수 없음을 선언하고 강변호사는 중요한 증거자료를 잃어야 했지만 뇌물수수사건에서 자유로울 수 있게 된다.

그렇게 3차 공판이 시작되고 서북 부녀자 살인사건에서 철민을 범인으로 지목했던 서경사가 안검사측의 증인으로 증인석에 오른다.

서경사는 서북 부녀자 살인사건에서 철민이 범인임을 100% 확신했지만 증거부족으로 그가 풀려나자 경찰서를 떠나 개인적으로 철민을 주시해왔다며 그는 철민의 집에 도청장치를 설치하다 서정아에게 들켜 그녀에게 남편이 살인범일지도 모른다는 사실을 말해주게 되었다고 한다. 서경사는 서정아에게 협조를 부탁한 가운데 그녀가 남편의 범행증거자료로 녹취자료까지 있다고 하지만, 강변호사는 서경사의 말에 녹취자료는 증거자료로 채택될 수 없다는 대법원의 판례를 들어 반박에 나서고 판사는 서경사의 증언을 기각시킨다.

서경사는 갑자기 홍천으로 출장을 떠나는 철민의 뒤를 쫓았지만 중간에 예기치 못한 일로 철민을 놓치게 되고 왠지 불안한 생각에 철민의 집으로 향한 그는 피범벅이 되어 있는 침대를 발견해 경찰에 신고를 했던 것이다.

강변호사는 모든 증거가 서경사의 주장일 뿐 입증되는 증거가 아무것도 없

다며 그에게 서북 부녀자 살인사건을 담당했던 검사의 이름을 직접 말해보라 했고 서경사의 입에서 안민호라는 이름이 나오자 법정은 한바탕 술렁이게 된다.

한편 철민이 출장을 갔던 홍천에서 서울까지의 행보를 조사하던 호원은 그날 밤 졸음운전을 하다가 가드레일을 받았다는 철민의 진술을 뒷받침해줄 증인을 확보하고, 증인은 철민의 차량이 가드레일 부분에 세워져 있는 것을 목격한 구멍가게 노인이다.

강변호사는 자신의 의뢰인인 철민에게 마치 반대편에 있는 검사가 던질 듯한 질문을 던져 안검사를 비롯한 법정을 술렁이게 하고 강변호사로부터 변호가 아닌 날카로운 질문공세가 쏟아지자 철민은 강변호사를 바라보며 어리둥절한 표정을 짓는다.

하지만 그는 아내의 죽음에 책임감을 느끼냐는 강변호사의 질문에 조금씩 입을 열기 시작했고 그는 자신이 분명 아내를 죽이지 않았는 데도 불구하고 모두가 자신에게 아내를 죽였다고 말한다며 이제는 자신 스스로도 내가 아내를 죽였나 보구나 하는 생각에 책임감을 느낀다며 눈물로 법정을 또 다시 술렁이게 만든다.

철민의 눈물에 안검사는 싸늘한 눈빛으로 그를 주시하고 드디어 마지막 변론이 시작된다. 안검사는 비록 사건이 정황적인 증거밖에 없지만 정황적인 증거밖에 없다 하여 범인에게 형벌을 내릴 수 없다면 그것은 명백한 책임회피라며 배심원들에게 정의의 실현을 호소한다.

안검사가 최후의 변론을 마치자 강변호사의 최후의 변론이 시작된다. 그는 정황적인 증거만으로 이 사건을 수사하게 된 것이 모든 비극의 시작이라며 정황적인 증거로 인한 그릇된 해석이 철민을 범인으로 몰아간 거라고 말한다. 그는 자신이 셋을 세면 출입문으로 서정아씨가 걸어나올 거라고 말했고 강변호사의 말에 안검사를 비롯한 법정에 있는 모든 사람들이 출입문을 쳐다보았지만 출입문으로 아무도 들어오지 않는다.

법정이 술렁이자 강변호사는 자신의 말을 믿고 출입문을 바라보았다면 모두가 서정아의 죽음에 의심을 품고 있었던 거라고 말하고 그는 철민에게 무죄를 선고해줄 것을 부탁하며 변론을 마친다.

드디어 최후의 판결이 시작되었고 재판관은 배심원이 일치를 보지 못해서 자신이 나서야 했다며 대법원의 판례를 들어 정황적인 증거만으로 아내 살인

혐의로 기소된 철민에게 무죄를 선고한다.

무죄로 풀려나게 될 줄 전혀 예상하지 못했던 철민은 믿지 못하겠다는 듯 어리둥절한 표정을 지었지만 그는 자신을 변호해준 강변호사에게 고개 숙여 인사를 했고 이는 완벽한 강변호사의 승리다.

안검사는 강변호사에게 영리한 최후의 변론이었다며 항소를 하겠다고 했고 그는 서정아가 걸어들어올 거라는 강변호사의 말에 모두가 출입을 바라보았지 만 유독 철민만은 출입문을 쳐다보지 않았다며 강변호사의 승리에 찬물을 끼 얹는다.

법정을 나선 강변호사는 호원의 전화를 받게 되고 증인이었던 노인의 말과 달리 노인의 아들은 세워져 있던 차에 스스로 부딪힌 것으로 노인은 혹시나 차 수리비를 물게 될까봐 유심히 차를 살펴보던 중 댐에서 올라오고 있던 철 민을 목격했던 것이다.

사건 당일 출장을 갔다가 서울로 향하던 철민은 밀려드는 졸음에 낯선 곳에 진입해 가드레일에 부딪혔다고 말했지만 그가 말한 낯선 곳은 철민이 아내와 함께 기념사진을 찍었던 장소(댐)로 그는 그곳이 지름길인 걸 알고 일부러 그 곳으로 진입했던 것이다.

강변호사는 철민에게 서정아가 경찰과 연락한다는 사실을 알고 함정을 팠을 거라며 그가 일하던 곳에서 없어진 시체의 소품의 트릭을 이야기 했고 철민의 뒤를 쫓던 서경사는 열린 뒷 트렁크에서 시체 소품이 발견되어 경찰에게 제지를 당해 철민을 놓치고 말았던 것이다.

　또한 사건당일 옆동에서 발생한 주차장의 경보음은 경비의 시선을 다른 곳으로 돌리기 위한 범인의 계산된 행동으로 범인은 경비가 자리를 비운 시간을 이용해 서정아의 시체를 자신의 차에 실을 수가 있었던 것으로 범인은 제3의 인물이 아닌 바로 철민이다.

　강변호사가 자신의 범행사실을 본 것처럼 이야기하자 철민의 표정은 서서히 굳어지고 그는 어떻게 시체를 처리했냐는 강변호사의 질문에 갑자기 베란다 창문을 열어 베란다 난간에 걸터앉는다.

　그리고 떠오르는 진실은 아래와 같다.

　사건 당일날 밤. 서북 부녀자 살인사건의 결정적 증거인 피해자의 치아를 발견한 서정아는 철민에게 제발 사실이 아니라고 말해달라고 울부짖었지만 철민은 그녀에게 진정이 필요하다며 침대로 데려간 뒤 그녀를 살해한 것이다.

　아내를 살해한 뒤 그는 아내의 시체를 이불에 싸서 베란다 밖으로 던져버렸고 그는 경비의 시선을 돌리기 위해서 주차장에 있는 차의 경보음을 발생시킨 것으로 그렇게 그는 비상계단을 이용해 아파트를 빠져나가 아내의 시체를 차에 싣고 댐으로 향할 수 있었던 것이다.

　새롭게 나타난 증거가 철민이 서정아를 죽인 살인범이라는 것을 가리키자 강변호사는 철민과의 대화를 녹취해 녹취 테이프를 안검사에게 넘겼고 그것은 바로 정의의 실현이다.

의뢰인

1. 녹취자료의 증거능력

(1) 녹음자료

녹음자료는 녹음테이프 또는 녹음파일로 존재하게 되는데, "사람의 음성과 기타 음량을 기계적 장치를 통하여 기록하여 재생할 수 있도록 하는 것"이다. 기록과 재생의 정확성이 인간의 지각과 기억에 의한 경우보다 우월하고 음성과 음향이 직접 법정에 제공된다는 점에서 증거가치를 지닌다. 녹음자료가 녹음된 내용이 무엇이냐에 따라, 진술녹음과 현장녹음으로 구분한다.

(2) 진술녹음의 증거능력

사람의 진술이 녹음되어 있고, 그 진술내용이 진실성이 증명된 때에는 녹음자료는 진술증거로 사용될 수 있다. 판례에 따르면, 진술녹음은 진술서와 진술녹취서의 실질을 가지기에 형사소송법 제313조가 적용된다고 한다(대판 2014.4.30. 2012도725). 녹음자료는 예외적으로 녹음자의 서명 또는 날인이 없더라도 대화내용을 녹음한 원본이거나 녹음자료 작성자의 진술에 의하여 성립의 진정함이 증명되면 특신상태(특히 신빙할 수 있는 상태)를 조건으로 증거로 사용될 수 있다(대판 2008.12.24. 2008도9414). "특신상태"란 증거능력이 없는 전문증거에 증거능력을 부여하기 위한 요건으로, 진술내용이나 조서 또는 서류의 작성에 허위개입의 여지가 거의 없고 그 진술내용의 신용성이나 임의성을 담보할 구체적이고 외부적인 정황이 있는 경우를 말한다.

① 전2조의 규정 이외에 피고인 또는 피고인이 아닌 자가 작성한 진술서나 그 진술을 기재한 서류로서 그 작성자 또는 진술자의 자필이거나 그 서명 또는 날인이 있는 것(피고인 또는 피고인 아닌 자가 작성하였거나 진술한 내용이 포함된 문자·사진·영상 등의 정보로서 컴퓨터용디스크, 그 밖에 이와 비슷한 정보저장매체에 저장된 것을 포함한다. 이하 이 조에서 같다)은 공판준비나 공판기일에서의 그 작성자 또는 진술자의 진술에 의하여 그 성립의 진정함이 증명된 때에는 증거로 할 수 있다. 단, 피고인의 진술을 기재한 서류는 공판준비 또는 공판기일에서의 그 작성자의 진술에 의하여 그 성립의 진정함이 증명되고 그 진술이 특히 신빙할 수 있는 상태하에서 행하여 진 때에 한하여 피고인의 공판준비 또는 공판기일에서의 진술에 불구하고 증거로 할 수 있다. 〈개정 2016.5.29.〉

② 제1항 본문에도 불구하고 진술서의 작성자가 공판준비나 공판기일에서 그 성립의 진정을 부인하는 경우에는 과학적 분석결과에 기초한 디지털 포렌식 자료, 감정 등 객관적 방법으로 성립의 진정함이 증명되는 때에는 증거로 할 수 있다. 다만, 피고인 아닌 자가 작성한 진술서는 피고인 또는 변호인이 공판준비 또는 공판기일에 그 기재 내용에 관하여 작성자를 신문할 수 있었을 것을 요한다. 〈개정 2016.5.29.〉

③ 감정의 경과와 결과를 기재한 서류도 제1항 및 제2항과 같다.

(3) 현장녹음의 증거능력

현장녹음자료는 원진술이 법원에 간접적으로 보고되는 것이기에 진술증거로 볼 수 있다.

(4) 수사기관의 진술녹음의 증거능력

수사기관의 진술녹음은 진술내용의 형식에 따라 증거능력 여부를 결정할 수 있다. 예를 들면, 사법경찰관이 피의자를 신문한 내용을 녹음한 경우, 적법절차와 내용의 인정을 요한다. 검사의 경우, 적법절차, 성립의 진정 및 특신상태를 요한다.

(5) 사인(私人)의 진술녹음의 증거능력

사인이 피고인의 진술을 녹음한 경우, 형사소송법 제316조제1항 (전문의 진술)의 피고인의 진술을 내용으로 하는 피고인이 아닌 자의 진술로 보아 특신상태가 인정되어야 증거능력을 가질 수 있다(대판 2001.10.9. 2001도3106).

2. 국민참여재판

(1) 관련규정

"국민의 형사재판 참여에 관한 법률(이하 "국민참여재판법"이라 함)" 및 "국민의 형사재판 참여에 관한 규칙(이하 "국민참여재판규칙"이라 함)"에 의거하여 형사재판 중 국민참여재판의 대상사건에 한하여(국민참여재판법 제5조 참조) 실시한다.

(2) 개 념

"국민참여재판"이란 국민참여재판법에 의하여 배심원(국민참여재판법에 따라 형사재판에 참여하도록 선정된 사람)이 참여하는 형사재판을 말한다(국민참여재판법 제2조).

(3) 대상사건

첫째, 지방법원과 그 지원의 합의부에서 심판할 것으로 합의부가 결정한 사건(법원조직법 제32조제1항)에 따른 합의부 관할 사건. 둘째, 첫째에 해당하는 사건의 미수죄 · 교사죄 · 방조죄 · 예비죄 · 음모죄에 해당하는 사건. 셋째, 위 첫째와 둘째에 해당하는 사건과 형사소송법 제11조(1인이 범한 수죄, 수인이 공동으로 범한 죄, 수인이 동시에 동일장소에서 범한 죄, 범인은닉죄, 증거인멸죄, 위증죄, 허위감정통역죄 또는 장물에 관한 죄와 그 본범의 죄)에 따른 관련사건으로서 병합하여 심리하는 사건의 경우에 국민참여재판의 대상사건으로 한다(국민참여재판법 제5조제1항). 다만, 법원은 공소제기 후부터 공판준비기일이 종결된 다음날까지 첫째, 배심원·예비배심원·배심원후보자 또는 그 친족의 생명·신체·재산에 대한 침해 또는 침해의 우려가 있어서 출석의 어려움이 있거나 이 법에 따른 직무를 공정하게 수행하지 못할 염려가 있다고 인정되는 경우 둘째, 공범 관계에 있는 피고인들 중 일부가 국민참여재판을 원하지 아니하여 국민참여재판의 진행에 어려움이 있다고 인정되는 경우 셋째, 성폭력범죄의 처벌 등에 관한 특례법 제2조의 범죄로 인한 피해자 또는 법정대리인이 국민참여재판을 원하지 아니하는 경우 넷째, 그 밖에 국민참여재판으로 진행하는 것이 적절하지 아니하다고 인정되는 경우 중 어느 하나에 해당하는 경우에는 국민참여재판을 하지 아니하기로 하는 결정을 할 수 있다(국민참여재판법 제9조제1항). 이러한 결정을 하기 전에 검사·피고인 또는 변호인의 의견을 들어야 한다(국민참여재판법 제9조제2항). 그리고 국민참여재판법 제9조제1항의 결정에 대하여는 즉시항고를 할 수 있다(국민참여재판법 제9조제3항). 아울러 피고인이 국민참여재판을 원하지 않은 경우에도 국민참여재판을 하지 아니한다.

(4) 배심원
1) 권한과 의무
배심원은 국민참여재판을 하는 사건에 관하여 사실의 인정, 법령의 적용 및 형의 양정에 관한 의견을 제시할 권한이 있고, 법령을 준수하고 독립하여 성실히 직무를 수행해야 한다(국민참여재판법 제12조제1항 및 제2항). 또한 배심원은 직무상 알게 된 비밀을 누설하거나 재판의 공정을 해하는 행위를 해서는 안 된다(국민참여재판법 제12조제3항).

2) 배심원의 수

법정형이 사형, 무기징역 또는 무기금고에 해당하는 사건에 대해서는 9인의 배심원이 참여하고, 그 외의 대상사건에는 7인의 배심원이 참여한다. 다만, 법원은 피고인 또는 변호인이 공판준비절차에서 공소사실의 주요내용을 인정한 때에는 5인의 배심원이 참여할 수 있다(국민참여재판법 제13조제1항). 또한 법원은 사건의 내용에 비추어 특별한 사정이 있다고 인정되고 검사, 피고인 또는 변호인의 동의가 있는 경우에 한하여 결정으로 배심원의 수를 7인 또는 9인 중에서 위 제1항과 달리 정할 수 있다(국민참여재판법 제13조제2항).

아울러 법원은 배심원의 결원 등에 대비하여 예비배심원을 5인 이내에서 둘 수 있다(국민참여재판법 제14조제1항).

3) 자 격

배심원은 만 20세 이상의 대한민국 국민 중에서 국민참여재판법으로 정한 바에 따라 선정된다(국민참여재판법 제16조). 다만, 결격사유, 직업 등에 따른 제외사유, 제척사유, 면제사유에 해당하는 자는 선정될 수 없다(국민참여재판법 제17조 내지 제20조).

첫째, 배심원의 결격사유에 해당하는 자는 피성년후견인 또는 피한정후견인, 파산선고를 받고 복권되지 아니한 사람, 금고 이상의 실형을 선고받고 그 집행이 종료(종료된 것으로 보는 경우를 포함)되거나 집행이 면제된 후 5년을 경과하지 아니한 사람, 금고 이상의 형의 집행유예를 선고받고 그 기간이 완료된 날로부터 2년을 경과하지 아니한 사람, 금고 이상의 형의 선고유예를 받고 그 선고유예기간 중에 있는 사람, 법원의 판결에 의하여 자격이 상실 또는 정지된 사람이다.

둘째, 직업 등에 따른 제외사유에 해당하는 자는 대통령, 국회의원, 지방자치단체의 장, 지방의회의원, 입법부·사법부·행정부·헌법재판소·중앙선거관리위원회·감사원의 정무직 공무원, 법관, 검사, 변호사, 법무사, 법원·검찰 공무원, 경찰·교정·보호관찰 공무원, 군인, 군무원, 소방공무원 또는 예비군법에 따라 동원되거나 교육훈련의무를 이행 중인 예비군이다.

셋째, 제척사유에 해당하는 자는 피해자, 피고인 또는 피해자의 친족이나 이러한 관계에 있었던 사람, 피고인 또는 피해자의 법정대리인, 사건에 관한 증인·감정인·피해자의 대리인, 사건에 관한 피고인의 대리인·변호인·보조인, 사건에 관한 검사 또는 사법경찰관의 직무를 행한 사람, 사건에 관하여 전심 재판 또는 그 기초가 되는 조사·심리에 관여한 사람이다.

면제사유에 해당하는 사람은 만 70세 이상인 사람, 과거 5년 이내에 배심원후보자로서 선정기일에 출석한 사람, 금고 이상의 형에 해당하는 죄로 기소되어 사건이 종결되지 아니한 사람, 법령에 따라 체포 또는 구금되어 있는 사람, 배심원 직무의 수행이 자신이나 제3자에게 위해를 초래하거나 직업상 회복할 수 없는 손해를 입게 될 우려가 있는 사람, 중병·상해 또는 장애로 인하여 법원에 출석하기 곤란한 사람, 그 밖의 부득이한 사유로 배심원 직무를 수행하기 어려운 사람이다.

4) 선정과 사임

지방법원장은 매년 주민등록자료를 활용하여 배심원후보예정자명부를 작성하고(국민참여재판법 제22조제3항), 법원은 배심원후보예정자명부 중에서 필요한 수의 배심원후보자를 무작위 추출 방식으로 정하여 배심원과 예비배심원의 선정기일을 통지한다(국민참여재판법 제23조제1항). 법원은 배심원후보자가 국민참여재판법 제28조제1항에서 정하는 사유에 해당하는지의 여부를 판단하기 위하여 질문표를 사용할 수 있고(국민참여재판법 제25조제1항), 배심원후보자는 정당한 사유가 없는 한 질문표에 기재된 질문에 답하여 이를 법원에 제출하여야 한다(국민참여재판법 제

25조제2항). 또한 선정통지를 받은 배심원후보자는 선정기일에 출석하여야 한다(국민참여재판법 제23조제2항). 선정받은 배심원, 예비배심원은 배심원의 직무를 계속 수행하기 어려운 사정이 있는 때에는 사임신청서를 서면으로 제출할 수 있다. 다만 공판정에서는 구술로도 가능하다(국민참여재판규칙 제26조제1항).

3. 미란다의 원칙

형사소송법 제200조의5(체포와 피의사실 등의 고지)

- 검사 또는 사법경찰관은 피의자를 체포하는 경우에는 피의사실의 요지, 체포의 이유와 변호인을 선임할 수 있음을 말하고 변명할 기회를 주어야 한다.

형사소송법 제244조의3(진술거부권 등의 고지)

① 검사 또는 사법경찰관은 피의자를 신문하기 전에 다음 각 호의 사항을 알려주어야 한다.
  1. 일체의 진술을 하지 아니하거나 개개의 질문에 대하여 진술을 하지 아니할 수 있다는 것
  2. 진술을 하지 아니하더라도 불이익을 받지 아니한다는 것
  3. 진술을 거부할 권리를 포기하고 행한 진술은 법정에서 유죄의 증거로 사용될 수 있다는 것
  4. 신문을 받을 때에는 변호인을 참여하게 하는 등 변호인의 조력을 받을 수 있다는 것
② 검사 또는 사법경찰관은 제1항에 따라 알려 준 때에는 피의자가 진술을 거부할 권리와 변호인의 조력을 받을 권리를 행사할 것인지의 여부를 질문하고, 이에 대한 피의자의 답변을 조서에 기재하여야 한다. 이 경우 피의자의 답변은 피의자로 하여금 자필로 기재하게 하거나 검사 또는 사법경찰관이 피의자의 답변을 기재한 부분에 기명날인 또는 서명하게 하여야 한다.

형사소송법 제283조의2(피고인의 진술거부권)

① 피고인은 진술하지 아니하거나 개개의 질문에 대하여 진술을 거부할 수 있다.
② 재판장은 피고인에게 제1항과 같이 진술을 거부할 수 있음을 고지하여야 한다.

(1) 개 념

"미란다의 원칙"[1]이란 경찰이나 검찰이 범죄용의자를 연행할 때 그 이유와 변호인의 도움을 받을 수 있는 권리, 진술을 거부할 수 있는 권리 등이 있음을 미리 알려 주어야 한다는 원칙이다. 따라서 이 미란다의 원칙은 진술거부권의 고지를 구체화한 것이다. 또한 미란다의 원칙은 진술거부권 및 변호인의 조력을 받을 권리를 고지하는 것을 내용으로 한다.

이 원칙은 1966년 미국 연방대법원의 판결로 확립되었고, 현재 형사소송법 제200조의5에 규정되어 있다.

미란다의 원칙을 고지하는 상황은 ① 구금중인 피의자나 피고인에 대하여 ② 수사기관이 신문을 하는 경우에 한다(예외가 존재한다).

---

1) 1963년 3월, 미국 애리조나 주 피닉스 시경찰은 당시 21세였던 멕시코계 미국인 에르네스토 미란다(Ernesto Miranda)를 납치·강간 혐의로 체포했다. 경찰서로 연행된 미란다는 피해자에 의해 범인으로 지목되었고, 변호사도 선임하지 않은 상태에서 2명의 경찰관에 의해 조사를 받았다. 미란다는 처음에는 무죄를 주장했으나 약 2시간 가량의 신문 과정 후 범행을 인정하는 구술 자백과 범행자백자술서를 제출했다. 그러나 재판이 시작되자 미란다는 자백을 번복하고, 진술서를 증거로 인정하는 것에 이의를 제기했다. 애리조나 주법원은 그의 주장을 받아들이지 않고 최저 20년, 최고 30년의 중형을 선고했다. 미란다는 애리조나 주대법원에 상고했지만 역시 유죄가 인정되었다. 그는 최후 수단으로 연방대법원에 상고를 청원했다. 상고청원서에서 미란다는 미국 수정헌법 제5조에 보장된 불리한 증언을 하지 않아도 될 권리와 제6조에 보장된 변호사의 조력을 받을 권리를 침해당했다고 주장했다. 연방대법원은 1966년, 5 대 4의 표결로 미란다에게 무죄를 선고했다. 이유는 그가 진술거부권, 변호인선임권 등의 권리를 고지(告知)받지 못했기 때문이라는 것이다. '미란다 판결'이라고 부르게 된 이 판결은 보수적인 미국인들로부터 1960년대의 다른 인권 판결과 마찬가지로, 대법원이 범죄예방이나 범죄피해자의 권리보다는 범죄자의 권리를 더 존중하고 있다는 거센 비난을 받았다. 반발이 있기는 했지만 대부분의 주정부 경찰들은 미란다 판결 이후 연방대법원의 판결 취지에 따라 미란다 경고문을 만들어, 수사관들이 피의자를 체포하거나 신문할 때는 이 경고문을 미리 읽어주도록 했다. 미란다 판결 이후 미란다 경고가 수사에 어떤 영향을 미쳤는지에 관해 많은 조사가 이루어졌는데, 그 결과는 미란다 판결로 인해 범죄자들이 무죄 석방되리라는 우려는 기우였다는 것이다(두산백과).

1) 구금중일 것

미란다의 원칙은 피의자나 피고인이 구금중인 때에 한하여 적용된다. 따라서 피의자나 피고인이 구금중이지 않은 때에는 수사기관이 피의자를 신문한다고 하더라도 미란다의 원칙이 적용되지 않는다. 구금중이라는 것은 정식 체포나 이와 유사한 정도의 신체 이동의 자유에 제한이 있는 경우를 말한다. 합리적인 사람이라면 자신이 체포되었거나 그에 준하는 정도로 신체의 자유가 제한되었다고 생각할 만한 상황이었는지에 의하여 결정된다. 구금중인지의 판단은 여러 가지 종합적 상황을 고려하여 결정해야 할 것이다. 피의자를 신문하면서 기소하겠다는 말을 하며 결정적인 증거를 제시하거나, 겁을 주는 분위기에서 신문이 진행되는 경우에는 피의자가 자발적으로 경찰서에 출석하였고, 조사 후 퇴거할 수 있다고 고지를 받은 경우에도 구금에 해당할 수 있을 것이다. 피의자에 대한 불심검문이나 자동차 정지의 경우에는 미란다의 원칙이 적용되지 않는다.

2) 경찰관의 신문이 있을 것

"신문"이란 수사기관에 의한 질문을 말한다. 수사기관의 범죄와 관련된 어떤 종류의 질문도 신문에 해당한다. 질문은 단지 구두에 의한 것만 말하는 것이 아니라 피의자로부터 범죄사실에 관한 대답을 이끌어 내려는 수사기관의 행동도 포함한다. 따라서 피의자의 집에서 발견된 마약과 마약제조 기구를 보여주면서 "문제가 있다"라고 하는 정도는 신문이 아니다. 피의자의 자발적 진술 또는 그 진술에 대한 추가신문에는 미란다의 원칙이 적용되지 않는다.

(2) 형사소송법 규정의 내용

형사소송법 제244조의3의 따르면, 피의자를 신문하기 전에 진술거부권을 고지하여야 하기 때문에, 신문을 하는 경우가 아니면, 피의자로부터 진술을 듣더라도 진술거부권의 고지가 필요하지 않다. 물론 신문을 받을 때, 변호인의 조력을 받을 수 있다.

(3) 거부할 수 있는 진술의 의미

피의자는 구술이나 서면으로 자신에게 불이익한 진술을 거부 또는 자신이 가지고 있는 범죄증거물의 제출을 거부할 수 있다. 진술거부권의 보호범위는 무한정으로 확장할 수 없기 때문에, 피의자가 출석에 불응하는 경우, 필적 감정을 위해 글씨를 쓰게 하는 것에 대한 허용요구, 유전자·혈액·모발·지문 제공 등 협력의무에 대하여 영장 등 강제처분으로 그 의무를 이행하게 할 수 있다. 또한 음주운전혐의자에 대한 음주측정을 요구하거나, 측정거부행위를 처벌하는 것이 진술거부권의 침해에 해당되지 않는다(대판 2009.9.24. 2009도7924).

퀵

액션/한국/115분/2011.7.20. 개봉
감독 조범구
출연 이민기(한기수), 강예원(아름), 김인권(김명식), 고창석(서형사) 등
15세관람가

Quick, 2011

폭탄을 배달하는 퀵라이더! 헬멧을 벗어도 질주를 멈춰도 폭탄은 터진다.

스피드 마니아 퀵라이더 한기수는 생방송시간에 쫓겨서 퀵서비스를 이용하는 아이돌 가수 아롬을 태우고 가던 중에 신원미상의 사람으로부터 한 통의 전화를 받는다. 수화기 너머 의문의 목소리는... 헬멧에 폭탄이 장착되어 있다고 경고하고... 30분 내로 폭탄 배달을 완료하라고 명령한다. 이로써 사상 초유의 폭탄 테러에 휘말리게 된 그들은 도심 한복판에서 목숨을 건 시속 300km의 질주를 시작한다.

줄거리

퀵

퀵라이더 한기수(이민기 분)는 생방송 시간에 맞추기 위해 아이돌그룹 가수 아롬을 태우고 목적지까지 가는데 갑자기 전화가 걸려온다. 아롬(강예원 분)의 헬멧에 폭탄이 장착되어 있고 시키는 대로 하지 않으면 터뜨리겠다고 한다. 원래 헬멧은 기수가 쓰는데 아롬이 자기가 손님이니까 자기가 쓰겠다며 뺏어버린 것이다. 범인은 누가 헬멧을 쓰든 상관없으니 시키는 대로 하라고 하고 둘은 그렇게 범인이 시키는 대로 폭탄을 배달하게 된다.

기수와 아름은 배달한 폭탄이 눈앞에서 연거푸 터지는 걸 목격한다. 처음에는 장난인줄 알았지만 계속해서 터지는 폭탄에 시키는 대로 할 수밖에 없게된다.

생방송에 나가지 않으면 큰일이 일어나기 때문에 어쩔 수 없이 아름은 헬멧까지 쓰고 무대에 오른다. 이를 본 기자들은 "이게 무슨 컨셉이냐"고 묻는다. 한편 헬멧과 기수가 몇 미터 이상 떨어져도 터진다고 경고해 놓은 탓에 기수는 아름을 미친 듯이 따라다니고 매니저가 아름을 차에 태워서 가버리고, 기수는 할 수 없이 오토바이로 쫓아간다. 아름은 차에서 오토바이로 옮겨 타는 신기한 액션을 선보이기도 한다.

　경찰은 폭탄을 자꾸 배달하는 기수를 범인으로 생각하고 쫓기 시작한다. 김명식(김인권 분)은 교통경찰인데 예전에 오토바이 폭주족이었던 사람이라 자신이 직접 나서서 기수를 잡겠다고 한다. 사실 명식은 경찰하기 이전에 폭주족이었을 때 기수를 알았다.

　그리고 아름 역시 폭주족의 멤버로서 기수와 사귀었지만, 기수에게 차이고 폭주계를 떠난다. 그 후 아름이 사귄 명식은 아름에게 차이면서 기수를 미워하는 관계가 된다.

　　휠체어 탄 회장님 뒤에 서있는 남자가 범인이다. 기수에게 이런 일을 시킨 이유는 기수가 물론 빨라서도 있지만, 예전에 기수가 폭주족이었던 시절 범인 자신만 살고 차에 있던 나머지 가족이 사망한 사건에 대한 복수로 저지른 것이다.

　　아무튼 지하철 내에서 싸움이 시작되고, 여기서 범인은 죽고 지하철봉에 묶여 있던 아롬은 열쇠로 자물쇠를 열고 탈출한다.

영화 속에서 한기수는 많은 수의 범법행위를 저지른다. 과속, 폭탄배달, 열차파괴 등등. 한기수는 협박에 의해 범죄행위를 하게 된다. 이 경우, 형법은 어떻게 규정하고 있는가? 위법성 조각은?

1. 강요된 행위

형법 제12조(강요된 행위)

■ 저항할 수 없는 폭력이나 자기 또는 친족의 생명, 신체에 대한 위해를 방어할 방법이 없는 협박에 의하여 강요된 행위는 벌하지 아니한다.

(1) 개 념

형법 제12조에 규정한 바와 같이, 강요된 행위는 폭행이나 협박 등에 의한 불법적 강요상태로 인하여 적법행위에 대한 기대가능성이 결여된 것이다. 반면, 위법성조각사유인 "긴급피난"은 자기 또는 타인의 법익에 대한 현재의 위난이 있는 것으로 이익형량의 원칙이 적용된다.

(2) 성립요건
1) 저항할 수 없는 폭력

"폭력"이란 상대방의 저항을 억압하기 위하여 행사되는 유형력을 말한다. 폭력의 수단에는 제한이 없다. 직접 사람에 대하여 행해진 유형력뿐만 아니라, 물건에 대한 유형력의 행사라도 간접적으로 사람의 의사형성에 영향을 미치는 것은 폭력에 포함된다.

폭력은 상대방이 저항할 수 없는 정도를 요한다.

2) 방어할 방법이 없는 협박

"협박"이란 상대방으로 하여금 공포심을 일으키게 할 목적으로 위해를 가할 것을 고지하는 것을 말한다. 여기서 협박은 자기 또는 친족의 생명·신체에 대하여 위해를 가하는 것을 내용으로 해야 한다. 그러므로 자유, 재산, 비밀, 명예에 대한 위해는 여기에 포함되지 않는다. 친족의 범위는 민법에 규정한 것을 기준으로 한다(민법 제777조).

협박은 위해를 방지하거나 회피할 수 없는 것을 의미한다.

(3) 효 과

강요된 행위는 적법행위에 대한 기대가능성이 없기 때문에 책임이 조각되어 벌하지 아니한다(형법 제12조). 강요자는 교사범의 책임을 질 수도 있으나, 행위자를 도구로 이용한 때에는 간접정범이 될 수 있다. 한편 강요자 자신의 강요행위 자체가 구성요건에 해당하는 경우에는 폭행죄, 협박죄, 강요죄 등의 책임을 지게 된다.

2. 긴급피난

형법 제22조(긴급피난)

① 자기 또는 타인의 법익에 대한 현재의 위난을 피하기 위한 행위는 상당한 이유가 있는 때에는 벌하지 아니한다.
② 위난을 피하지 못할 책임이 있는 자에 대하여는 전항의 규정을 적용하지 아니한다.
③ 전조 제2항과 제3항의 규정은 본조에 준용한다.

(1) 개 념

자기 또는 타인의 법익에 대한 현재 위난을 피하기 위한 상당한 행위를 말한다.

(2) 요 건

1) 자기 또는 타인의 법익에 대한 현재의 위난(긴급피난상황)

자기 또는 타인의 법익에는 개인적, 국가적, 사회적 법익을 포함하며, 경제적 손실을 방지하기 위한 긴급피난도 해당된다. 예를 들면, 사회적 물가상승, 물가부족 등 경제적 궁핍상태에서 절도행위를 한 것은 사회적 긴급피난으로 볼 수 있다. "위난"이란 법익침해가 발생할 수 있는 가능성이 있는 상태를 말하는데, 사람의 행위(예 호텔화재현장에서 긴급탈출을 하기 위하여 노인을 밀치고 탈출시 그 노인에게 상처를 입힌 경우), 자연현상(예 태풍으로 인하여 갑자기 쓰러지는 가로수를 피하기 위하여 도로변 상점의 유리문을 파손한 행위, 홍수시 침수된 물을 빠져나가기 위하여 옆집의 담을 파괴한 행위), 동물의 행위(예 갑자기 달려드는 개를 막기 위하여 돌을 던졌는데, 잘못하여 지나가던 행인을 다치게 한 경우) 등이 그 예이다.

한편 자초위난 중 그의 책임 있는 사유로 발생한 경우에도 긴급피난이 될 수 있지만(예 임산부가 자신의 신체에 대한 위험을 제거하기 위해 태아를 낙태한 행위) 목적 또는 고의에 의하여 위난을 발생하게 한 자에겐 긴급피난이 허용되지 않는다(예 스스로 야기한 강간범행 중에 피해자가 강간범의 손가락을 깨물어 반항하자 물리력으로 손가락을 비틀어 빼다가 피해자의 치아에 상처를 입힌 경우 긴급피난이 아님). 그러나 행인의 부주의로 개의 꼬리를 밟자 성이 난 개가 달려들어서, 부득이하게 지팡이로 개를 때려 죽인 경우에는 긴급피난이 성립될 수 있다.

2) 위난을 피하기 위한 행위가 있을 것(긴급피난행위)

긴급피난행위는 크게 방어적 긴급피난(예 화재 속에서 어린아이를 구하기 위하여 지상에 설치된 구조매트리스 위로 아이를 던져 상처를 입힌 경우)과 공격적 긴급피난(**예** 별장에 감금된 피해자가 탈출하기 위하여 별장 문을 파괴한 행위)으로 나눈다. 이러한 긴급피난행위는 위난을 피하기 위한 유일한 경우이어야 한다(**예** 운전면허 없는 의사가 응급환자를 구하기 위하여 택시를 탈 수 있었음에도 스스로 자동차를 운전한 행위는 긴급피난에 해당되지 않는다). 또한 과잉피난이 아니어야 한다(**예** 표류중 선원이 아사(굶어죽는 것)를 면하기 위하여 다른 선원을 살해한 경우, 임부가 위난을 피하고자 태아를 살해한 경우 등은 과잉피난). 그 밖에 피난행위가 사회윤리나 법정신에 적합한 수단이어야 한다(**예** 중병에 걸려 수혈 없이는 살 수 없는 사람을 구조하기 위하여 본인의 승인을 받지 않고 강제로 채혈한 행위 또는 부당하게 기소된 피고인이 무죄판결을 받기 위하여 위증을 교사하거나, 석방되기 위하여 도주하는 행위는 긴급피난이 아님).

(3) 효 과

위법성이 조각되어 처벌되지 않는다.

(4) 특 칙

형법 제22조제1항에 규정한 바와 같이, 위난을 피하지 못할 책임이 있는 자는 긴급피난행위가 적용되지 않는다. 예를 들면 군인, 경찰관, 의사, 소방관, 선장 등 위난을 피하지 못할 책임이 있는 자는 긴급피난이 제한적으로 허용된다. 소방관이 진화작업 중 천장에서 떨어지는 불덩이를 보고 고가의 판화로 머리를 보호한 경우에는 긴급피난이 인정된다.

(5) 오상피난

"오상피난"이란 객관적으로 긴급피난의 요건이 존재하지 않음에도 불구하고 그것이 존재한다고 오인하고 피난행위를 하는 것을 말한다.

오상피난도 긴급피난과 마찬가지로 위법성조각사유의 전제사실에 관하여 착오의 문제가 된다. 예를 들면 밤길을 달리던 택시운전수가 갑자기 뛰어나온 개를 아이인 줄 잘못 알고 피하려다가, 택시가 인도 위로 올라가 통행인을 다치게 하는 경우이다.

(6) 과잉피난

"과잉피난"이란 피난행위가 상당한 정도를 넘은 경우로 위법성이 조각되지 않는다. 예를 들면 도주하는 범인의 등 뒤에서 총을 발사하여 사망에 이르게 한 경우이다(대판 1991.5.28. 91다10084). 다만 정황에 따라 형사책임이 감경 또는 면제될 수 있다. 과잉피난이 야간 기타 불안상태에서 공포, 경악, 흥분 또는 당황으로 인한 경우에는 기대가능성이 없어 책임이 조각되어 벌하지 않는다.

3. 정당방위

> **형법 제21조**
> ① 현재의 부당한 침해로부터 자기 또는 타인의 법익을 방위하기 위하여 한 행위는 상당한 이유가 있는 때에는 벌하지 아니한다.
> ② 방위행위가 그 정도를 초과한 때에는 정황에 의하여 그 형을 감경 또는 면제할 수 있다.
> ③ 전항의 경우에 그 행위가 야간이나 그 밖의 불안한 상태에서 공포를 느끼거나, 경악거나, 흥분하거나 또는 당황하였기 때문에 그 행위를 하였을 때에는 벌하지 아니한다.

(1) 개 념

"정당방위"란 현재의 부당한 침해로부터 자기 또는 타인의 법익을 방위하기 위한 상당한 이유가 있는 행위를 말한다.

(2) 요 건

1) 자기 또는 타인의 법익

"자기"란 방위자 자신을 말하고, "타인"이란 자연인, 법인, 법인격 없는 단체, 국가를 포함한다. "법익"이란 법에 의하여 보호되는 모든 이익으로서 형법상 개인적 법익(예 생명, 신체, 명예, 재산, 자유, 비밀 등), 가족관계·애정관계 등과 같은 형법에 의하여 보호되지 않는 법익도 포함된다.

2) (사람에 의한) 현재의 부당한 침해

"침해"란 법익에 대한 사람에 의한 공격 또는 그 위험을 말하며, 고의에 의한 침해는 물론 과실에 의하거나 책임무능력자에 의한 침해도 해당된다. 침해는 사람에 의하여 행해져야 하기 때문에, 동물이나 물건에 의한 침해는 해당되지 않는다. 다만, 동물 또는 물건을 도구로 한 사람의 침해는 정당방위가 가능하다. "현재의 침해"란 법익에 대한 침해가 급박한 상태에 있거나, 바로 발생하였거나, 아직 계속되고 있는 것을 말한다. 따라서 과거의 침해, 장래 예상되는 침해행위는 정당방위에 해당되지 않는다. 예를 들면, 절도범이 자전거를 훔쳐 타고 달아나는 것을 보고 현장에서 추적하여 도품을 탈환한 경우는 정당방위에 해당된다. 침해의 현재성은 효과발생시기를 기준으로 한다. 따라서 절도방지를 위하여 철조망을 설치한 경우, 절도범이 침입하다가 철조망에 걸려 다리가 다친 때에는 현재의 침해에 대한 정당방위가 된다.

3) 방위하기 위한 행위

먼저 방위의사가 있어야 하는데, "방위의사"란 부당한 침해를 인식하고 이를 배제할 의사를 말한다. 따라서 증오심·복수심이 있더라도 방위의사가 있으면 정당방위가 성립된다. 다만 타인을 위한 정당방위

에는 타인에게 방위의사가 필요하지 않다. 즉, 타인의 의사에 반하여
도 정당방위가 될 수 있다. 둘째, 방위행위가 있어야 하는데, "방위행
위"란 현재의 부당한 침해 그 자체를 배제하기 위한 반격행위를 말한
다. 보호방위(침해에 대한 순순한 방어적 행위)와 공격방위(직접 반격적
행위)를 포함한다. 침해와 무관한 제3자에게 정당방위를 할 수 없다.

4) 상당한 이유(방위행위의 상당성)

방위행위는 침해를 즉시 효과적으로 제거할 수 있는 사실상 방어
에 필요한 행위이어야 한다. 방어행위에는 방어를 위한 적합한 수단
이 있어야 하고(방위수단의 적합성), 가능한 한 상대방에게 경미한 손
해를 주는 수단을 택해야 한다(최소 침해의 원칙. **예** 신발을 절취하는 걸
인에게 상해를 가한 경우는 과잉방위에 해당됨).

방위행위의 상당성이 인정되기 위해서는 정당방위가 사회윤리적
으로 용인되는 방위행위이어야 하며, 사회윤리 · 법질서 전체의 입장
에서 용인되지 아니한 경우에는 정당방위는 제한되어야 한다. 그리고
책임 없는 자(책임무능력자. **예** 정신병자, 어린아이, 술이 만취된 사람 등)
의 침해에 대해서는 피할 수 없는 막다른 경우에 한하여 정당방위가
성립된다. 따라서 정신병자가 달려들자 칼로 살해한 경우에는 정당방
위가 부인된다.

(3) 효 과

정당방위에 해당되면, 방위행위가 범죄의 구성요건에 해당하더라
도 위법성이 조각되어 범죄가 성립되지 않는다. 정당방위에 대한 정
당방위는 허용되지 않는다.

(4) 과잉방위

"과잉방위"란 정당방위의 상황은 존재하나 방위행위가 지나쳐 상

당한 정도를 초과한 경우(**예** 자기의 재물을 절취하는 자를 권총으로 사살한 경우)이다. 고의와 과실의 과잉방위 모두 해당된다. 과잉방위는 위법성이 조각되지 않아 위법하지만, 위법이나 정황에 의하여 책임이 감경되어 형을 감경 또는 면제받을 수 있다. 과잉방위가 야간 기타 불안스러운 상태 하에서 공포, 경악, 흥분 또는 당황으로 인한 때에는 적법행위의 기대가능성의 결여로 책임이 조각되어 벌하지 않는다.

(5) 오상방위

"오상방위"란 객관적으로 정당방위의 요건이 구비되지 않았음에도 주관적으로 그와 같은 요건이 구비되었다고 오인하여 행한 방위행위이다. 예를 들면, 갑과 을이 서로 다투던 중 갑이 을을 칼로 살해하려는 것을 병이 을이 갑을 죽이려는 것으로 오인하여 방위하기 위한 목적으로 권총으로 을을 살해한 경우이다. 오상방위는 객관적으로 정당방위의 요건이 존재하지 않아 위법성이 조각되지 않아 범죄로 처벌받는다.

재심

드라마/한국/119분/2017.2.15. 개봉
감독 김태윤
출연 정우(이준영), 강하늘(조현우), 김혜숙(순임)
15세관람가

New Trial, 2017

대한민국을 뒤흔든 택시기사 살인사건(실화영화, 2000년 8월 익산에서 발생한 살인사건)!

유일한 목격자인 10대 소년 현우는 경찰의 강압적 수사에 누명을 쓰고 10년을 감옥에 보내게 된다. 한편, 돈도 인맥도 없이 빚만 쌓여 버랑 끝에 놓인 변호사 준영은 대형 로펌 대표의 환심을 사기 위해 무료법률상담봉사 중 이 살인사건을 맡게 된다. 처음에는 돈과 명예를 얻을 좋은 기회라고 생각했지만, 실제로 현우를 만나 얘기를 나눈 후 정의감에 사로잡힌 자신을 발견하게 된다. 현우는 준영의 도움으로 다시 한번 세상을 믿어볼 희망을 찾게 되는데.....

줄거리

재심

15년 전, 약촌 오거리에서 일어난 살인사건에서 현우가 발견되면서 영화는 시작한다. 그리고 현우는 살인죄로 15년형을 선고받는다.

한편 준영(정우)은 변호사가 되어 크게 한건해서 돈과 명예를 얻으려고 모든 걸 걸었던 재판에서 지면서 짐만 떠안게 되고, 사법연수원 동기인 창환(이동휘)을 만난다. 준영은 창환이 다니는 로펌 '테미스'에 들어가게 해달라 부탁하고, 창환은 대표님과 말해보라고 자신의 교육시간에 데려간다. 거기서 두각을 나타낸 준영에게 대표는 자기 대신 무료법률상담봉사를 나가 보라고 말한다.

마지못해 무료법률상담봉사로 나간 곳에서 준영은 현우엄마와 현우를 만나게 된다. 근로복지공단이 그 모자에게 10년 전 살해당한 운전기사(피해자)에게 지급한 보험금 4천만 원을 이자까지 계산하여 갚으라고 청구했다는 사연을 듣는다(공단의 구상권행사).

　영화는 다시 15년 전으로 거슬러 올라간다. 학교를 중퇴하고 다방에서 일하던 현우는 배달용 오토바이를 타고 가다가 갑자기 나타난 한 사내를 발견하고 피하려다 넘어진다. 그 때 현장에서 사내가 도망가는 걸 보고 이상하다고 느낀다. 그는 경찰에 신고하지만 수사반장 백철기에게 오히려 범인이 되라고 강요받으면서 여관에서 갖은 폭행과 폭언을 당하게 된다.

　결국 자백 후에 살인죄로 감옥에 가고 그동안 자식걱정에 건강까지 해친 현우의 엄마 순임(김혜숙)은 시력까지 잃게 된다.

　　준영은 이 이야기를 듣자 자신이 출세할 기회라고 여기고 재심청구를 하려
고 한다. '테미스' 대표를 설득해서 증거수집에 나선다. 처음에는 현우가 진짜
범인인지 여부는 관심이 없었다. 그런데 현우와 현장검증하면서 절대로 현우
가 범인이 될 수 없다는 사실을 알게 되고, 그때부터 진심을 다해 사건을 해결
하기로 한다.

　　준영은 현우와 함께 하면서 예전의 정의감을 되찾기 시작하고, 현우도 살인
자가 아니라는 걸 믿어주는 사람이 생기자 그동안 알바를 하여 번 전 재산을
준영에게 준다. 그리고 현우는 준영에게 그가 다방에서 같이 일하던 수정이 성
매매를 강요당하자 다방주인을 때려눕히고 그녀를 자신의 오토바이에 태워 터
미널까지 데려가 탈출시킨 후 돌아가는 길에 사건이 일어난 것이라고 말한다.

한편 준영은 수정을 찾기는 힘들 거라던 현우의 말에 그냥 넘어갔지만, 다음 날 현우의 사건을 맡았던 검사에게 현우가 교도소에서 썼다는 반성문을 보고, 화가 머리끝까지 나서 현우를 찾아가다가 그만 교통사고를 당하게 된다.

현우가 자발적으로 쓴 반성문으로 재심은 불리해졌고, 그렇게 할 수밖에 없었던 상황을 준영에게 설명하였다. 그 당시 현우는 반성문을 써서 선처를 요구받으라는 변호사의 말에 그럴 수밖에 없었던 것이다.

　현우가 어쩔 수 없는 현실에 절망하고 있을 때, 지역깡패들이 현우에게 수정이 있는 곳을 알려준다. 그는 수정을 찾아가지만 다방에서 일한 것을 말해야 하는 그녀에게 증인이 되어줄 것을 요구하지 못한다. 한편 현우가 잡히고 3년 후에 진범이 자수하지만 이상하게 수사가 흐지부지되고 말았다는 이야기를 듣는다. 당시 수사반장이던 이를 만나 진실을 알게 된 현우는 분노해서 그때의 진범을 찾아간다. 능글맞게 웃는 진범을 찾아가 추격전을 벌인 끝에 그를 잡아 그때 당시의 일을 듣는다.

  당시 진범은 달아나는 데 성공했지만 양심의 가책을 느낀 친구의 제보로 잡히게 된 것이다. 하지만 그로 인해 강압수사가 밝혀질게 뻔해지자 검사와 철기반장은 외압을 넣어 수사를 종결시킨 후에 진범과 그 친구를 여관에 가둬서 폭행하여 그들이 정신착란으로 실수한 것이라고 꾸미게 만들었던 것이다.

  모든 진실을 알게 되자 준영은 로펌 대표를 설득해 "그것이 알고싶다"에서 모든 사실을 밝히고 결국 목격자를 찾아낸다. 하지만 로펌에서 독립하여 성공하고 싶었던 친구 창환은 검사를 자신의 사무실로 영입하기 위해 그 사실을 누설하였고, 결국 겨우 찾은 목격자는 강제로 연행되어 증인이 될 수 없게 된다.

　다시 한번 현우모자는 절망에 빠져버린다. 준영은 친구의 배신에 절교를 선언하고 로펌에서도 나가기로 결심한다.

　현우모자를 찾아간 준영은 현우가 사라진 것을 알게 되자, 그의 행방을 찾으려고 집을 뒤지다 예전 수정의 주소가 적힌 쪽지를 발견하고 수정을 찾아간다. 준영은 현우가 수정을 스케치한 노트를 보여주었지만 그녀를 좋아해서 차마 증인이 되어 달라고 할 수 없었던 사실을 알게 된다.

그리고 준영은 현우를 찾아다닌다. 그런데 현우는 이 모든 것에 절망하고 인간쓰레기인 철기반장을 죽이기로 마음 먹고 있었다.

현우는 15년이 지났어도 여전히 폭력을 통한 거짓자백으로 실적을 올리던 철기반장의 일당이 무고한 청년을 데리고 들어간 폐건물에서 철기반장을 죽이고 모든 걸 끝내려고 하지만 뒤늦게 그를 막아선 준영의 설득에 맘을 돌린다.

　재심 날 수정이 증인으로 오고 재판이 시작된다. 그리고 자막으로 무죄확정
판결을 받았다는 것과 수사를 조작했던 관계자들은 법정에 서고 진범은 구속
수감되었다는 사실을 알려주면서 영화는 끝이 난다.

재심

(1) 재심의 개념

재심은 '유죄의 확정판결에 중대한 사실의 오인 또는 그 오인의 의심이 있는 경우 그 판결을 받은 자의 이익을 위하여 그 부당함을 시정하는 사후적 비상구제절차'이다. 재심은 형사소송법과 민사소송법에 규정하고 있다. 따라서 재심은 형사사건은 물론 민사사건에도 적용되지만, 각각 별도로 규정하고 있기 때문에 사유, 절차에 따른 내용이 다르다. 아래에서는 주로 형사사건을 중심으로 설명하고자 한다 (다만 규정과 판례에서는 민사사건을 제시).

재심절차는 재심이유 유무를 심사하여 재심을 개시할 것인지 여부를 결정하는 재심개시절차와 사건 자체에 대하여 다시 심판하는 재심심판절차로 구분되는데, 후자는 통상의 공판절차와 같다.

재심의 대상은 유죄의 확정판결 및 항소·상고의 (상소)기각판결이다. 재심의 대상은 유죄의 확정판결이므로, 무죄·면소·공소기각·관할위반의 판결, 결정·명령은 재심청구의 대상이 아니다.

또한 재심은 해당 심급에서 또는 상소를 거쳐 확정된 사실관계를 재심사하는 예외적인 비상구제절차로서(대결 2009.7.16, 2005모672 전원합의체), 확정된 종국판결에 중대한 하자가 있는 경우 그 판결의 확정력으로 유지되는 법적 안전성을 후퇴시키고 구체적 정의를 실현하기 위하여 마련된 것이다(대판 2019.2.28, 2018도13382 참조).

한편 비상상고는 법령의 해석·적용의 통일을 주된 목적으로 하고 피고인의 불이익을 구제하는 기능을 수행하는 것을 부수적 목적으로 한다. 비상상고는 모든 확정판결(예 유죄·무죄·면소·공소기각·관할위반판결, 약식명령·즉결심판, 공소기각결정, 항소기각결정, 상고기각결정)을 대상으로 한다.

1) 재심개시절차

형사소송법에 규정하고 있는 사유에 해당하는 경우에만 청구권자가 재심심판절차에 앞서서 재심개시절차를 진행할 수 있다. 아울러 재심청구권자는 형사소송법 제426조(제426조제1항)의 해석상 재심개시절차에 반드시 변호인이 필요한 보조자는 아니다(예 제424조제1호 내지 제4호 참조). 재심개시절차에서 첫 단계는 '사실조사단계'이고, 이 단계는 재심청구의 사유의 존재여부를 판단하고 재심청구서 및 첨부된 증거서류 등의 조사가 불충분한 경우에 보충하기 위한 절차이다. 이 단계 후 '재심청구단계'에서는 일반적으로 원판결에서 인정된 증거의 증거능력 및 증명력을 다투는 내용으로 이루어진다. 이 단계는 변호인의 조력이 절실하게 요구된다.

2) 재심심판단계

재심개시절차의 결과에 따라 재심개시결정이 확정된 후에는 재심대상사건에 대하여 심판절차 즉, '재심심판절차'가 이루어진다. 그리고 재심심판단계에서는 특정 사유에 해당하면 변호인의 출정이 필수사항이며, 변호인이 없는 경우에는 재판장이 직권으로 변호인을 선임하게 된다. 물론 재심개시결정이 확정된 후 재심심판 확정 이전에는 재심대상판결은 유효하다.

재심개시결정이 확정되면 법원은 제436조(청구의 경합과 청구기각의 결정)의 경우 외에는 그 심급에 따라 다시 심판하여야 한다(형사소송법 제438조제1항). '심급에 따라' 심판한다는 것은 재심개시결정을 한 법원이 제1심법원인 경우는 제1심의 공판절차에 따라, 상소심법원인 경우는 상소심의 공판절차에 따라 심판한다는 의미이다. 그리고 다시 심판한다는 것은 재심대상판결의 당부를 심사하는 하는 것이 아닌 사건 자체를 처음부터 새로 심판하는 것을 말한다(대판 2013.1.24, 2010도14282).

아래에서는 재심에 관해서만 살펴보고, 관련규정과 사례는 주로 문제가 되는 민사와 형사 중심으로 알아본다.

(2) 재심의 관련규정

1) 형사소송법

형사소송법 제4편 특별소송절차 제1장에 재심을 제420조 내지 제440조에 규정하고 있다. 자세한 내용은 아래와 같다.

제420조(재심이유)

재심은 다음 각 호의 1에 해당하는 이유가 있는 경우에 유죄의 확정판결에 대하여 그 선고를 받은 자의 이익을 위하여 청구할 수 있다.

1. 원판결의 증거된 서류 또는 증거물이 확정판결에 의하여 위조 또는 변조된 것임이 증명된 때
2. 원판결의 증거된 증언, 감정, 통역 또는 번역이 확정판결에 의하여 허위임이 증명된 때
3. 무고로 인하여 유죄의 선고를 받은 경우에 그 무고의 죄가 확정판결에 의하여 증명된 때
4. 원판결의 증거된 재판이 확정재판에 의하여 변경된 때
5. 유죄의 선고를 받은 자에 대하여 무죄 또는 면소를, 형의 선고를 받은 자에 대하여 형의 면제 또는 원판결이 인정한 죄보다 가벼운 죄를 인정할 명백한 증거가 새로 발견된 때
6. 저작권, 특허권, 실용신안권, 디자인권 또는 상표권을 침해한 죄로 유죄의 선고를 받은 사건에 관하여 그 권리에 대한 무효의 심결 또는 무효의 판결이 확정된 때
7. 원판결, 전심판결 또는 그 판결의 기초 된 조사에 관여한 법관, 공소의 제기 또는 그 공소의 기초 된 수사에 관여한 검사나 사법경찰관이 그 직무에 관한 죄를 범한 것이 확정판결에 의하여 증명된 때. 다만, 원판결의 선고 전에 법관, 검사 또는 사법경찰관에 대하여 공소가 제기되었을 경우에는 원판결의 법원이 그 사유를 알지 못한 때로 한정한다.

제421조(동전)

① 항소 또는 상고의 기각판결에 대하여는 전조제1호, 제2호, 제7호의 사유 있는 경우에 한하여 그 선고를 받은 자의 이익을 위하여 재심을 청구할 수 있다.
② 제1심 확정판결에 대한 재심청구사건의 판결이 있은 후에는 항소기각 판결에 대하여 다시 재심을 청구하지 못한다.
③ 제1심 또는 제2심의 확정판결에 대한 재심청구사건의 판결이 있은 후에는 상고기각판결에 대하여 다시 재심을 청구하지 못한다.

제422조(확정판결에 대신하는 증명)

전2조의 규정에 의하여 확정판결로써 범죄가 증명됨을 재심청구의 이유로 할 경우에 그 확정판결을 얻을 수 없는 때에는 그 사실을 증명하여 재심의 청구를 할 수 있다. 단, 증거가 없다는 이유로 확정판결을 얻을 수 없는 때에는 예외로 한다.

제423조(재심의 관할)

재심의 청구는 원판결의 법원이 관할한다.

제424조(재심청구권자)

다음 각 호의 1에 해당하는 자는 재심의 청구를 할 수 있다.
1. 검사
2. 유죄의 선고를 받은 자
3. 유죄의 선고를 받은 자의 법정대리인
4. 유죄의 선고를 받은 자가 사망하거나 심신장애가 있는 경우에는 그 배우자, 직계친족 또는 형제자매

제425조(검사만이 청구할 수 있는 재심)

제420조제7호의 사유에 의한 재심의 청구는 유죄의 선고를 받은 자가 그 죄를 범하게 한 경우에는 검사가 아니면 하지 못한다.

제426조(변호인의 선임)

① 검사 이외의 자가 재심의 청구를 하는 경우에는 변호인을 선임할 수 있다.
② 전항의 규정에 의한 변호인의 선임은 재심의 판결이 있을 때까지 그 효력이 있다.

제427조(재심청구의 시기)

재심의 청구는 형의 집행을 종료하거나 형의 집행을 받지 아니하게 된 때에도 할 수 있다.

제428조(재심과 집행정지의 효력)

재심의 청구는 형의 집행을 정지하는 효력이 없다. 단 관할법원에 대응한 검찰청검사는 재심청구에 대한 재판이 있을 때까지 형의 집행을 정지할 수 있다.

제429조(재심청구의 취하)

① 재심의 청구는 취하할 수 있다.
② 재심의 청구를 취하한 자는 동일한 이유로써 다시 재심을 청구하지 못한다.

제430조(재소자에 대한 특칙)

제344조의 규정은 재심의 청구와 그 취하에 준용한다.

제431조(사실조사)

① 재심의 청구를 받은 법원은 필요하다고 인정한 때에는 합의부원에게 재심청구의 이유에 대한 사실조사를 명하거나 다른 법원판사에게 이를 촉탁할 수 있다.
② 전항의 경우에는 수명법관 또는 수탁판사는 법원 또는 재판장과 동일한 권한이 있다.

제432조(재심에 대한 결정과 당사자의 의견)

재심의 청구에 대하여 결정을 함에는 청구한 자와 상대방의 의견을 들어야 한다. 단, 유죄의 선고를 받은 자의 법정대리인이 청구한 경우에는 유죄의 선고를 받은 자의 의견을 들어야 한다.

제433조(청구기각 결정)

재심의 청구가 법률상의 방식에 위반하거나 청구권의 소멸 후인 것이 명백한 때에는 결정으로 기각하여야 한다.

제434조(동전)

① 재심의 청구가 이유없다고 인정한 때에는 결정으로 기각하여야 한다.
② 전항의 결정이 있는 때에는 누구든지 동일한 이유로써 다시 재심을 청구하지 못한다.

제435조(재심개시의 결정)

① 재심의 청구가 이유있다고 인정한 때에는 재심개시의 결정을 하여야 한다.
② 재심개시의 결정을 할 때에는 결정으로 형의 집행을 정지할 수 있다.

① 항소기각의 확정판결과 그 판결에 의하여 확정된 제1심판결에 대하여 재심의 청구가 있는 경우에 제1심법원이 재심의 판결을 한 때에는 항소법원은 결정으로 재심의 청구를 기각하여야 한다.

② 제1심 또는 제2심판결에 대한 상고기각의 판결과 그 판결에 의하여 확정된 제1심 또는 제2심의 판결에 대하여 재심의 청구가 있는 경우에 제1심법원 또는 항소법원이 재심의 판결을 한 때에는 상고법원은 결정으로 재심의 청구를 기각하여야 한다.

제437조(즉시항고)

제433조, 제434조제1항, 제435조제1항과 전조제1항의 결정에 대하여는 즉시항고를 할 수 있다.

제438조(재심의 심판)

① 재심개시의 결정이 확정한 사건에 대하여는 제436조의 경우 외에는 법원은 그 심급에 따라 다시 심판을 하여야 한다.

② 다음 경우에는 제306조제1항, 제328조제1항제2호의 규정은 전항의 심판에 적용하지 아니한다.

1. 사망자 또는 회복할 수 없는 심신장애인을 위하여 재심의 청구가 있는 때
2. 유죄의 선고를 받은 자가 재심의 판결 전에 사망하거나 회복할 수 없는 심신장애인으로 된 때

③ 전항의 경우에는 피고인이 출정하지 아니하여도 심판을 할 수 있다. 단, 변호인이 출정하지 아니하면 개정하지 못한다.

④ 전2항의 경우에 재심을 청구한 자가 변호인을 선임하지 아니한 때에는 재판장은 직권으로 변호인을 선임하여야 한다.

제439조(불이익변경의 금지)

재심에는 원판결의 형보다 무거운 형을 선고할 수 없다.

제440조(무죄판결의 공시)

재심에서 무죄의 선고를 한 때에는 그 판결을 관보와 그 법원소재지의 신문지에 기재하여 공고하여야 한다. 다만, 다음 각 호의 어느 하나에 해당하는 사람이 이를 원하지 아니하는 의사를 표시한 경우에는 그러하지 아니하다.

1. 제424조제1호부터 제3호까지의 어느 하나에 해당하는 사람이 재심을 청구한 때에는 재심에서 무죄의 선고를 받은 사람
2. 제424조제4호에 해당하는 사람이 재심을 청구한 때에는 재심을 청구한 그 사람

2) 민사소송법

민사소송법은 제4편 재심에 관하여 제451조부터 제461조에 규정하고 있다.

제451조(재심사유)

① 다음 각호 가운데 어느 하나에 해당하면 확정된 종국판결에 대하여 재심의 소를 제기할 수 있다. 다만, 당사자가 상소에 의하여 그 사유를 주장하였거나, 이를 알고도 주장하지 아니한 때에는 그러하지 아니하다.
1. 법률에 따라 판결법원을 구성하지 아니한 때
2. 법률상 그 재판에 관여할 수 없는 법관이 관여한 때
3. 법정대리권 · 소송대리권 또는 대리인이 소송행위를 하는 데에 필요한 권한의 수여에 흠이 있는 때. 다만, 제60조 또는 제97조의 규정에 따라 추인한 때에는 그러하지 아니하다.
4. 재판에 관여한 법관이 그 사건에 관하여 직무에 관한 죄를 범한 때
5. 형사상 처벌을 받을 다른 사람의 행위로 말미암아 자백을 하였거나 판결에 영향을 미칠 공격 또는 방어방법의 제출에 방해를 받은 때
6. 판결의 증거가 된 문서, 그 밖의 물건이 위조되거나 변조된 것인 때
7. 증인 · 감정인 · 통역인의 거짓 진술 또는 당사자신문에 따른 당사자나 법정대리인의 거짓 진술이 판결의 증거가 된 때
8. 판결의 기초가 된 민사나 형사의 판결, 그 밖의 재판 또는 행정처분이 다른 재판이나 행정처분에 따라 바뀐 때
9. 판결에 영향을 미칠 중요한 사항에 관하여 판단을 누락한 때
10. 재심을 제기할 판결이 전에 선고한 확정판결에 어긋나는 때
11. 당사자가 상대방의 주소 또는 거소를 알고 있었음에도 있는 곳을 잘 모른다고 하거나 주소나 거소를 거짓으로 하여 소를 제기한 때
② 제1항제4호 내지 제7호의 경우에는 처벌받을 행위에 대하여 유죄의 판결이나 과태료부과의 재판이 확정된 때 또는 증거부족 외의 이유로 유죄의 확정판결이나 과태료부과의 확정재판을 할 수 없을 때에만 재심의 소를 제기할 수 있다.
③ 항소심에서 사건에 대하여 본안판결을 하였을 때에는 제1심 판결에 대하여 재심의 소를 제기하지 못한다.

제452조(기본이 되는 재판의 재심사유)

판결의 기본이 되는 재판에 제451조에 정한 사유가 있을 때에는 그 재판에 대하여 독립된 불복방법이 있는 경우라도 그 사유를 재심의 이유로 삼을 수

있다.

제453조(재심관할법원)

① 재심은 재심을 제기할 판결을 한 법원의 전속관할로 한다.
② 심급을 달리하는 법원이 같은 사건에 대하여 내린 판결에 대한 재심의 소는 상급법원이 관할한다. 다만, 항소심판결과 상고심판결에 각각 독립된 재심사유가 있는 때에는 그러하지 아니하다.

제454조(재심사유에 관한 중간판결)

① 법원은 재심의 소가 적법한지 여부와 재심사유가 있는지 여부에 관한 심리 및 재판을 본안에 관한 심리 및 재판과 분리하여 먼저 시행할 수 있다.
② 제1항의 경우에 법원은 재심사유가 있다고 인정한 때에는 그 취지의 중간판결을 한 뒤 본안에 관하여 심리·재판한다.

제455조(재심의 소송절차)

재심의 소송절차에는 각 심급의 소송절차에 관한 규정을 준용한다.

제456조(재심제기의 기간)

① 재심의 소는 당사자가 판결이 확정된 뒤 재심의 사유를 안 날부터 30일 이내에 제기하여야 한다.
② 제1항의 기간은 불변기간으로 한다.
③ 판결이 확정된 뒤 5년이 지난 때에는 재심의 소를 제기하지 못한다.
④ 재심의 사유가 판결이 확정된 뒤에 생긴 때에는 제3항의 기간은 그 사유가 발생한 날부터 계산한다.

제457조(재심제기의 기간)

대리권의 흠 또는 제451조제1항제10호에 규정한 사항을 이유로 들어 제기하는 재심의 소에는 제456조의 규정을 적용하지 아니한다.

제458조(재심소장의 필수적 기재사항)

재심소장에는 다음 각호의 사항을 적어야 한다.
1. 당사자와 법정대리인
2. 재심할 판결의 표시와 그 판결에 대하여 재심을 청구하는 취지
3. 재심의 이유

제459조(변론과 재판의 범위)

① 본안의 변론과 재판은 재심청구이유의 범위안에서 하여야 한다.
② 재심의 이유는 바꿀 수 있다.

제460조(결과가 정당한 경우의 재심기각)

재심의 사유가 있는 경우라도 판결이 정당하다고 인정한 때에는 법원은 재심의 청구를 기각하여야 한다.

제461조(준재심)

제220조의 조서 또는 즉시항고로 불복할 수 있는 결정이나 명령이 확정된 경우에 제451조제1항에 규정된 사유가 있는 때에는 확정판결에 대한 제451조 내지 제460조의 규정에 준하여 재심을 제기할 수 있다.

(3) 재심과 관련 판례

1) 민사소송사건

[대법원 2015. 12. 23. 선고 2013다17124 판결]

【판시사항】

[1] 확정된 재심판결에 대하여 재심의 소를 제기할 수 있는지 여부(적극)

[2] 원래의 확정판결을 취소한 재심판결에 대한 재심의 소에서 원래의 확정판결에 대하여 재심사유를 인정한 종전 재심법원의 판단에 재심사유가 있어 종전 재심청구에 관하여 다시 심리한 결과 원래의 확정판결에 재심사유가 인정되지 않을 경우, 법원이 취할 조치 및 그 경우 재심사유가 없는 원래의 확정판결 사건의 본안에 관하여 다시 심리와 재판을 할 수 있는지 여부(소극)

【판결요지】

[1] 민사소송법 제451조 제1항은 '확정된 종국판결'에 대하여 재심의 소를 제기할 수 있다고 규정하고 있는데, 재심의 소에서 확정된 종국판결도 위 조항에서 말하는 '확정된 종국판결'에 해당하므로 확정된 재심판결에 위 조항에서 정한 재심사유가 있을 때에는 확정된 재심판결에 대하여 재심의 소를 제기할 수 있다.

[2] 민사소송법 제454조 제1항은 "재심의 소가 적법한지 여부와 재심사유가 있는지 여부에 관한 심리 및 재판을 본안에 관한 심리 및 재판과 분리하여 먼저 시행할 수 있다."고 규정하고, 민사소송법 제459조 제1항은

"본안의 변론과 재판은 재심청구이유의 범위 안에서 하여야 한다."고 규정하고 있는데, 확정된 재심판결에 대한 재심의 소에서 재심판결에 재심사유가 있다고 인정하여 본안에 관하여 심리한다는 것은 재심판결 이전의 상태로 돌아가 전 소송인 종전 재심청구에 관한 변론을 재개하여 속행하는 것을 말한다. 따라서 원래의 확정판결을 취소한 재심판결에 대한 재심의 소에서 원래의 확정판결에 대하여 재심사유를 인정한 종전 재심법원의 판단에 재심사유가 있어 종전 재심청구에 관하여 다시 심리한 결과 원래의 확정판결에 재심사유가 인정되지 않을 경우에는 재심판결을 취소하고 종전 재심청구를 기각하여야 하며, 그 경우 재심사유가 없는 원래의 확정판결 사건의 본안에 관하여 다시 심리와 재판을 할 수는 없다.

2) 형사소송사건

[대법원 2015. 6. 25. 선고 2014도17252 전원합의체 판결]

【판시사항】

소송촉진 등에 관한 특례법 제23조에 따라 진행된 제1심의 불출석 재판에 대하여 검사만 항소하고 항소심도 불출석 재판으로 진행한 후에 제1심판결을 파기하고 새로 또는 다시 유죄판결을 선고하여 유죄판결이 확정된 경우, 같은 법 제23조의2 제1항을 유추 적용하여 항소심 법원에 재심을 청구할 수 있는지 여부(적극) / 이때 피고인이 상고권회복에 의한 상고를 제기하여 위 사유를 상고이유로 주장하는 경우, 형사소송법 제383조 제3호에서 상고이유로 정한 원심판결에 '재심청구의 사유가 있는 때'에 해당하는지 여부(적극) 및 위 사유로 파기되는 사건을 환송받아 다시 항소심 절차를 진행하는 원심이 취해야 할 조치

【판결요지】

[다수의견] 소송촉진 등에 관한 특례법(이하 '소송촉진법'이라 한다) 제23조(이하 '특례 규정'이라 한다)와 소송촉진법 제23조의2 제1항(이하 '재심 규정'이라 한다)의 내용 및 입법 취지, 헌법 및 형사소송법에서 정한 피고인의 공정한 재판을 받을 권리 및 방어권의 내용, 적법절차를 선언한 헌법 정신, 귀책사유 없이 불출석한 상태에서 제1심과 항소심에서 유죄판결을 받

은 피고인의 공정한 재판을 받을 권리를 실질적으로 보호할 필요성 등의 여러 사정들을 종합하여 보면, 특례 규정에 따라 진행된 제1심의 불출석 재판에 대하여 검사만 항소하고 항소심도 불출석 재판으로 진행한 후에 제1심판결을 파기하고 새로 또는 다시 유죄판결을 선고하여 유죄판결이 확정된 경우에도, 재심 규정을 유추 적용하여 귀책사유 없이 제1심과 항소심의 공판절차에 출석할 수 없었던 피고인은 재심 규정이 정한 기간 내에 항소심 법원에 유죄판결에 대한 재심을 청구할 수 있다.

그리고 피고인이 재심을 청구하지 않고 상고권회복에 의한 상고를 제기하여 위 사유를 상고이유로 주장한다면, 이는 형사소송법 제383조 제3호에서 상고이유로 정한 원심판결에 '재심청구의 사유가 있는 때'에 해당한다고 볼 수 있으므로 원심판결에 대한 파기사유가 될 수 있다. 나아가 위 사유로 파기되는 사건을 환송받아 다시 항소심 절차를 진행하는 원심으로서는 피고인의 귀책사유 없이 특례 규정에 의하여 제1심이 진행되었다는 파기환송 판결 취지에 따라, 제1심판결에 형사소송법 제361조의5 제13호의 항소이유에 해당하는 재심 규정에 의한 재심청구의 사유가 있어 직권 파기 사유에 해당한다고 보고, 다시 공소장 부본 등을 송달하는 등 새로 소송절차를 진행한 다음 새로운 심리 결과에 따라 다시 판결을 하여야 한다.

[대법관 민일영, 대법관 권순일의 반대의견] 법률에 명문의 규정이 있고 의미와 내용이 명확한 경우에는 그 규정에 부족함이나 불합리한 점이 있다고 하더라도 국회의 입법을 통해 보완해 나가야 옳지, 그러한 절차를 거치지 않고 법원이 곧바로 명문의 규정에 어긋나게 해석하거나 입법자의 의사를 추론하여 새로운 규범을 창설하여서는 안 된다.

재심 규정이 '특례 규정에 따라 유죄 판결을 받고 그 판결이 확정된 경우'에 재심을 청구할 수 있다고 규정하고, 나아가 재심의 관할법원을 '원판결 법원'이 아닌 '제1심 법원'으로 한정하고 있는 점에 비추어 보면, 재심 규정은 제1심의 피고인 불출석 재판에 의하여 유죄판결이 확정된 경우에만 제1심 법원에 재심을 청구하는 것을 허용하고 있을 뿐, 제1심에 이어 항소심도 피고인 불출석 재판으로 진행한 후 제1심판결을 파기하고 다시 유죄판결을 선고하여 확정된 경우에는 재심을 허용하지 않고 있음이 분명하다.

형사소송법상 재심은 확정된 종국판결에 중대한 하자가 있음을 이유로 판결의 기판력을 깨뜨려 부당함을 시정하는 사후적인 구제절차이므로, 재심사유는 형사소송법이 열거하고 있는 사유에 한정되고 그 이외의 사유는 허용되지 않는다. 이러한 재심사유의 엄격성을 완화하기 위하여 헌법재판소법 등 개별 법률로 재심사유를 확장해 가고 있기는 하지만, 여전히 재심사유는 법률로 엄격히 제한되어 법률에서 제한적으로 인정하는 사유 이외에는 허용되지 않는다.

결론적으로, 제1심에 이어 항소심도 피고인 불출석 재판으로 진행하여 제1심판결을 파기하고 다시 유죄판결을 선고하여 확정된 경우에도 재심규정을 유추적용하여 항소심 법원에 재심을 청구할 수 있다는 다수의견은 정당한 법률해석의 한계를 벗어나 사실상 입법을 한 것이나 다름없어 받아들이기 어렵다.

시라노; 연애조작단

여자가 모르는 남자들의 은밀한 연애 작전

시라노; 연애조작단

2010년 추석, 제대로 알려드립니다

멜로, 로맨스, 코미디/한국/117분/2010.9.16. 개봉

감독 김현석

출연 엄태웅(병훈), 이민정(희중), 최다니엘(상용), 박철민(철빈) 등

12세관람가

Cyrano Agency, 2010

여자가 모르는 남자들의 은밀한 연애작전.
100% 성공률에 도전하는 '시라노 에이전시'는 연애에 서투른 사람들을 대신해 연애를 이루어주는 연애조작단이다. 때로는 영화 촬영장을 방불케 하는 조직적인 움직임으로, 때로는 비밀작전 수행처럼 완벽하게 짜여진 각본으로 의뢰인의 사랑을 이루어주는 연애 에이전시. 그들의 신조는 '음지에서 일하고 양지를 지향한다'이다.

줄거리

시라노; 연애조작단

시라노 에이전시는 연애에 서투른 사람들을 대신하여 연애방법을 지도해주어 자신도 모르게 사랑을 이루어준다는 연애조작단의 이름이다. '시라노'라는 명칭은 '시라노'라는 프랑스 영화에서 따온 것으로 보인다. 그 영화에서 시라노 자신이 사랑하는 여자에게 외모 때문에 고백을 하지 못하고 그녀를 사랑하는 다른 이를 위해 대필편지를 써주었던 사연에서 만들게 된 에이전시이다.

첫 번째 고객은 조기축구를 즐기는 현곤(송새벽 분)이다. 어눌한 말투와 4차원적인 모습으로 등장한다.

현곤이 사랑하는 여인은 바로 선아(류현경 분)이다. 현곤은 자신이 자주 가던 카페에서 일하던 선아에게 첫눈에 반하지만 말주변도 없고 어떻게 해야 할지 고민하던 중에 시라노 연애조작단에 의뢰를 하게 된다.

　　그렇게 본인 자신도 모르게 사랑을 이루어주는 시라노 연애조작단. 원래 이
들은 연극단원들이었는데 경기가 안 좋은 관계로 무대에 연극을 올릴 돈이 마
련될 때까지 이 일을 하는 것이다. 다들 연극처럼 맡은 역할을 확실하게 해내
는 모습도 코믹하다.

　　그러던 중 잘나가는 펀드매니저인 상용(최다니엘 분)이 시라노 연애조작단을
찾아오게 되는데.....

상용이 짝사랑하는 희중과의 첫 만남은 껌으로 시작된다. 문제는 희중이 시라노 연예조작단의 대표인 병훈(엄태웅 분)의 과거 애인인 것이다. 병훈은 희중에게 상처를 준 인물이기에 의뢰를 맡지 않으려고 한다.

하지만 장비를 업그레이드 하느라 예산초과인 시라노 연애조작단은 의뢰인을 가릴 처지가 안 된다. 작전요원 민영(박신혜 분)은 평소와는 다른 행동의 병훈을 이상하게 생각한다. 우여곡절 끝에 결국 상용의 의뢰를 받아들이기로 하는데... 병훈은 일부러 엉뚱한 미션을 주어서 오히려 난처한 상황에 처하게 되기도 한다.

희중이 다니는 교회에서 설교가 길다며 반론을 제기하도록 하여 결국 교회에서 쫓겨나게 된다.

　그렇게 병훈이 방해공작을 펼쳤는데도 생각지 않게 희중에게 먼저 전화가 오게 된다. 그러면서 카페에서 만남을 갖게 되고 상용은 설레게 된다. 이때 병훈이 틀어주는 음악의 선율은 희중과의 과거 이야기와 현재 이야기를 연결해 주며 신비하고 몽환적인 장면을 만든다.

　왠지 슬픈 모습의 희중은 병훈으로 인하여 사랑에 대한 상처가 큰 듯하다는 느낌이 든다. 한때는 파리에서 이렇게 행복했던 시절이 있었다. 알고 보니 병훈은 희중과 선배의 사이를 오해했고 그로 인해 그녀를 믿지 않고 결국 떠나보내면서 큰 상처를 주었다.

　영화에서 와인바의 사장으로 나오는 유미(김지영 분)의 모습도 무척 인상적이다. 그녀는 희중의 선배로 병훈과의 과거 이야기도 알고 서로가 이야기를 터놓는 인물이다. 그렇게 털어놓는 이야기로 과거의 사랑이야기와 상처들이 고스란히 전해진다.

시라노; 연애조작단

연애에 쑥맥인 상용이 시라노 에이전시에 찾아와 희중(그녀는 시라
노 에이전시의 대표의 옛애인)과의 사랑을 이루어 달라고 의뢰한다. 사
라노 에이전시는 사랑의 조작을 위하여 상용의 안경에 감청장치를 달
아 희중이 모르게 불법 감청을 시도한다.

불법감청의 규정과 처벌의 내용은?

1. 통신비밀보호

(1) 통신 등의 개념

"통신"이라 함은 우편물 및 전기통신을 말한다(통신비밀보호법 제2조제1
호). "우편물"이라 함은 우편법에 의한 통상우편물과 소포우편물을 말
하며, "전기통신"이라 함은 전화, 전자우편, 회원제정보서비스, 모사
전송, 무선호출 등과 같이 유선, 무선, 광선 기타의 전자적 방식에 의
하여 모든 종류의 음향, 문언, 부호 또는 영상을 송신하거나 수신하
는 것을 말한다(통신비밀보호법 제2조제2호 내지 제3호).

한편 "감청"이라 함은 전기통신에 대하여 당사자의 동의 없이 전자
장치 · 기계장치 등을 사용하여 통신의 음향 · 문언 · 부호 · 영상을 청
취 · 공독하여 그 내용을 지득 또는 채록하거나 전기통신의 송 · 수신
을 방해하는 것을 말한다. "감청설비"라 함은 대화 또는 전기통신의
감청에 사용될 수 있는 전자장치 · 기계장치 기타 설비를 말한다. 다
만, 전기통신 기기 · 기구 또는 그 부품으로서 일반적으로 사용되는
것 및 청각교정을 위한 보청기 또는 이와 유사한 용도로 일반적으로

사용되는 것 중에서, 대통령령이 정하는 것(예 감청목적으로 제조된 기기 · 기구가 아닌 것으로 관련법에 따른 사업용전기통신설비, 자가전기통신설비, 무선국의 무선설비, 적합성평가를 받은 방송통신기자재 등, 전파감시업무에 사용되는 무선설비, 허가받은 통신용 전파용설비, 전기용품 중 오디오 · 비디오 응용기기(직류전류를 사용하는 것을 포함), 보청기 또는 이와 유사한 기기 · 기구, 그 밖에 전기통신 및 전파관리에 일반적으로 사용되는 기기 · 기구)(통신비밀보호법 시행령 제3조)은 제외한다(통신비밀보호법 제2조제7호 내지 제8호). 그리고 "불법감청설비탐지"라 함은 이 법의 규정에 의하지 아니하고 행하는 감청 또는 대화의 청취에 사용되는 설비를 탐지하는 것을 말한다(통신비밀보호법 제2조제8의2호).

(2) 통신 및 대화비밀보호

누구든지 이 법과 형사소송법 또는 군사법원법의 규정에 의하지 아니하고는 우편물의 검열 · 전기통신의 감청 또는 통신사실확인자료의 제공을 하거나 공개되지 아니한 타인간의 대화를 녹음 또는 청취하지 못한다(통신비밀보호법 제3조제1항 본문).

(3) 통신 및 대화비밀보호의 예외

다음과 같은 경우에는 해당 법률에 정하는 바(통신비밀보호법 제3조제1항 단서)에 따르기 때문에, 통신 및 대화비밀보호의 예외가 인정된다(통신비밀보호법 제3조제1항 단서).

1) 환부우편물등의 처리

우편법 제28조 · 제32조 · 제35조 · 제36조 등의 규정에 의하여 폭발물등 우편금제품이 들어 있다고 의심되는 소포우편물(이와 유사한 우편물을 포함한다)을 개피하는 경우, 수취인에게 배달할 수 없거나 수취인이 수령을 거부한 우편물을 발송인에게 환부하는 경우, 발송인의 주소·성명이 누락된 우편물로서 수취인이 수취를 거부하여 환부하는 때에 그 주소·성명을 알기 위하여 개피하는 경우 또는 유가물이 든 환부불능우편물을 처리하는 경우

2) 수출입우편물에 대한 검사
관세법 제256조·제257조 등의 규정에 의한 신서외의 우편물에 대한 통관검사절차

3) 구속 또는 복역중인 사람에 대한 통신
형사소송법 제91조, 군사법원법 제131조, 「형의 집행 및 수용자의 처우에 관한 법률」 제41조·제43조·제44조 및 「군에서의 형의 집행 및 군수용자의 처우에 관한 법률」 제42조·제44조 및 제45조에 따른 구속 또는 복역중인 사람에 대한 통신의 관리

4) 파산선고를 받은 자에 대한 통신
「채무자 회생 및 파산에 관한 법률」 제484조의 규정에 의하여 파산선고를 받은 자에게 보내온 통신을 파산관재인이 수령하는 경우

5) 혼신제거등을 위한 전파감시
전파법 제49조 내지 제51조의 규정에 의한 혼신제거등 전파질서유지를 위한 전파감시의 경우

(4) 검열과 감청
우편물의 검열 또는 전기통신의 감청(이하 "통신제한조치"라 한다)은 범죄수사 또는 국가안전보장을 위하여 보충적인 수단으로 이용되어야 하며, 국민의 통신비밀에 대한 침해가 최소한에 그치도록 노력하여야 한다(통신비밀보호법 제3조제2항). 따라서 법을 위반하여 불법검열에

의하여 취득한 우편물이나 그 내용 및 불법감청에 의하여 지득 또는 채록한 전기통신의 내용은 재판 또는 징계절차에서 증거로 사용할 수 없다(통신비밀보호법 제4조).

(5) 통신제한조치의 허가

예외적으로 통신제한조치의 허가는 범죄수사를 위하여 이루어질 수 있다. 즉, 통신비밀보호법 제5조에 규정하고 있는 범죄를 계획 또는 실행하고 있거나 실행하였다고 의심할 만한 충분한 이유가 있고, 다른 방법으로는 그 범죄의 실행을 저지하거나 범인의 체포 또는 증거의 수집이 어려운 경우에 통신제한조치의 허가를 할 수 있다(통신비밀보호법 제5조). 이 경우, 검사는 법원(군사법원을 포함)에 대하여 각 피의자별 또는 각 피내사자별로 통신제한조치를 허가하여 줄 것을 청구할 수 있다(통신비밀보호법 제6조제1항). 사법경찰관(군사법경찰관 포함)의 경우에는, 검사에 대하여 각 피의자별 또는 각 피내사자별로 통신제한조치에 대한 허가를 신청하고, 검사는 법원에 대하여 그 허가를 청구할 수 있다(통신비밀보호법 제6조제2항).

그리고 대통령령이 정하는 정보수사기관의 장(예 국가정보원장)은 국가안전보장에 상당한 위험이 예상되는 경우 또는 국민보호와 공공안전을 위한 테러방지법 제2조제6호(대테러활동)의 대테러활동에 필요한 경우에 한하여 그 위해를 방지하기 위하여 이에 관한 정보수집이 특히 필요한 때에 통신제한조치를 할 수 있다(통신비밀보호법 제7조제1항).

그 밖에 검사, 사법경찰관 또는 정보수사기관의 장은 국가안보를 위협하는 음모행위, 직접적인 사망이나 심각한 상해의 위험을 야기할 수 있는 범죄 또는 조직범죄 등 중대한 범죄의 계획이나 실행 등 긴박한 상황에 있고 통신비밀보호법 제5조제1항(범죄수사 등) 또는 제7조제1항제1호(국가안보)의 규정에 의한 요건을 구비한 자에 대하여 일정한 절차를 거칠 수 없는 긴급한 사유(즉, 허가절차를 받을 수 없는 긴급한 경우)가 있는 때에는 법원의 허가 없이 통신제한조치를 할 수 있다(통신비밀보호법 제8조제1항).

2. 통신의 비밀과 자유

헌법 제18조에 따르면, "모든 국민은 통신의 비밀을 침해받지 아니한다"고 규정하고 있다. 통신의 비밀과 자유는 헌법상 기본권이며, 자유권의 핵심적 내용으로 구체적 권리 성격을 가지고 있다. 구체적 권리로서의 통신의 자유는 입법에 의해 제한될 수는 있으나, 통신의 자유의 보장은 헌법에 의하여 이미 구현되고 있는 것이다.

따라서 통신비밀보호에 의하여 통신의 비밀과 자유가 지켜지기 위해서는 과잉금지의 원칙, 적법절차의 원칙, 영장주의를 통하여 이루어져야 할 것이다. 즉, 과잉금지의 원칙이란 국민의 기본권을 제한함에 있어서 국가작용의 한계를 명시한 것으로, 목적의 정당성, 수단의 적합성, 피해의 최소성, 법익의 균형성이 지켜져야 할 것이다. 적법절차의 원칙이란 입법, 행정, 사법 등 모든 국가작용은 정당한 법률에 근거하여 정당한 절차에 따라 발동되어야 한다는 헌법원리이다. 이러한 적법절차의 원칙은 형사절차, 행정절차를 포함한 모든 국가작용에 적용된다고 할 것이다. 왜냐하면 적법절차의 원칙은 국민의 자유와 권리를 절차상 보장하는 것을 목적으로 하기 때문이다. 영장주의라 함은 수사기관이 형사절차에 있어 체포, 구속, 수색 등 강제처분을 하는 경우, 법관이 발부한 영장에 의하여 하도록 하는 제도이다. 예를 들면, 통신제한조치의 허가제도가 그 예이다.

상용이 병훈과 대화 중 "...불법은 아니지만 탈법..."라는 말이 있다. 그러면 "탈법행위"란 무엇인가?

1. 탈법행위의 개념

"탈법행위"란 "직접 강행법규(당사자가 임의로 규정의 적용을 배제할 수 없는 법규)에 위반하지는 않으나, 강행법규가 금지하는 것을 회피수단에 의하여 실질적으로 실현하는 행위"로서 "법률회피행위"라고도 한다.

2. 탈법행위의 예

(1) ○○기업이 아파트건설공사 대금을 발주자인 한국토지주택공사로부터 전액 현금으로 지급받고, 하수급업자인 □□기업에게 공사하도급대금을 전액 어음으로 결제한 행위. 이 행위는 하도급법 제13조제1항 "원사업자가 수급업자에게 하도급대금을 지급할 때에는 원사업자가 발주자로부터 해당 제조 등의 위탁과 관련하여 받은 현금 비율 미만으로 지급해서는 아니된다"는 규정을 위반한 것으로 ○○기업은 이 규정을 실질적으로 적용을 회피하기 위하여 우회적 방법(어음결제)을 사용하여 공사대금을 지급한 행위는 탈법행위에 해당된다.

(2) 채권자에게 연금추심을 위임하고 그 추심한 연금을 채권변제에 충당키로 하며 채권완제시까지 추심위임을 해제하지 않겠다는 약정행위. 이 행위는 공무원연금법 제32조(급여를 받은 권리는 양도, 압류하거나 담보로 제공할 수 없다)상 연금수급권의 담보제공 금지규정을 회피하는 탈법행위이다.

(3) 건설업면허대여에 갈음하여 건설업양도양수계약을 체결하는 행위. 건설업기본법 제21조제1항(건설업자는 다른 사람에게 자기의 성명이나 상호를 사용하여 건설공사를 수급 또는 시공하게 하거나 건설업 등록증 또는 건설업 등록수첩을 빌려주어서는 아니 된다)을 회피하는 탈법행위이다.

(4) 광업대리인이 아닌 자로 하여금 광물을 채굴, 수익하게 할 목적으로 광업권자가 채굴자와 공동명의의 광업권등록을 하기로 하는 행위. 광업권자는 광업법 제9조의2에 탐사권과 채굴권을 갖는데, 광업법 제11조제1항(채굴권은 상속, 양도, 조광권·저당권의 설정, 체납처분 또는 강제집행의 경우 외에는 권리의 목적으로 하거나 타인이 행사하게 할 수 없다)에 채굴권을 타인에게 행사하게 할 수 없는 규정을 회피하는 행위이다.

3. 탈법행위의 효력

탈법행위가 강행규정을 잠탈(직역하면 "몰래 빠져나감"의 의미지만, 법률적으로는 "어떤 규정을 탈법적인 방법으로 회피하는 것"이라는 의미)하기 위한 것인 경우에는 무효이다. 그 밖의 경우는 유효로 본다.

또한 상용은 연애조작단의 단장의 지시에 따라, 행동을 한다. 일반적으로 다른 사람의 지시에 따라 행동을 하는 것으로 "대리행위" 및 "사자(使者)행위"가 있다.

1. 대리행위

(1) 대리행위의 개념

대리행위란 "법률행위를 하거나 의사표시를 받는데 있어서 다른 사람(대리인)이 본인의 이름으로 본인을 대신하여 행하고, 그 효과가 본인에게 귀속하는 행위"를 말한다.

(2) 대리행위의 예

어떤 사람의 위임을 받아 매매계약을 체결하는 경우, 위임받은 자(수임인)는 위임한 자(위임인)의 이름으로 매매를 체결하고, 그 매매의 효과는 법률행위의 당사자인 수임인이 아닌 위임한 자인 본인에게 귀속한다. 그러므로 매매계약의 당사자로서 권리행사와 의무이행은 본인과 그 매매의 상대방이 담당하게 된다. 또한 매매계약이 무효 또는 취소가 되는 경우, 그 무효 또는 취소의 효과도 본인과 매매의 상대방이 부담하게 된다. 이러한 제도이기 때문에, 대리인은 행위능력은 불필요하지만 의사능력은 필요하다. 왜냐하면 적어도 대리인은 본인을 위하여 법률행위를 표시하거나 의사표시를 받는 의사에 관한 능력 즉, 의사능력이 있어야 하기 때문이다. 반면 본인은 직접 법률행위를 하지 않기 때문에 행위능력(행위자 단독으로 확정적으로 유효한 법률행위를 할 수 있는 지위 또는 자격)과 의사능력(자기가 하는 행위의 의미나 결과를 정상적인 인식력과 예기력을 바탕으로 합리적으로 인식하고 판단하여 법률행위를 하는 데 필요한 자기의 의사결정을 할 수 있는 정신적 능력)이 필요하지 않다. 그러나 임의대리의 경우, 본인이 대리인에게 대리권을 수여하는 행위(상대방 있는 단독행위)이기 때문에 본인은 행위능력이 필요할 것이다.

2. 사자(使者)행위

(1) 사자행위의 개념

어떤 사람이 결정한 의사를 상대방에게 표시하거나 전달하는 사람을 사자(使者)라고 하며, "어떤 사람이 결정한 의사를 그대로 표시하거나 전달하는 사자의 행위"를 사자행위라고 한다.

(2) 사자행위의 예

어떤 사람의 지시를 받아 심부름을 하는 행위 또는 배달을 하는 행위를 말한다. 이러한 사자행위는 법적으로 어떤 사람(본인)은 행위능력이 있어야 하지만, 사자(심부름꾼 또는 배달꾼)는 행위능력이나 의사능력이 필요하지 않다. 왜냐하면 해당 법률행위는 사자가 아닌 본인을 기준으로 판단하기 때문이다.

범죄도시2

범죄 · 액션/한국/106분/2022.5.18. 개봉
감독: 이상용
출연진: 마동석(마석도), 손석구(강해상), 최귀화(전일만) 등
15세관람가

The Roundup, 2022

    가리봉동 소탕작전 후 4년 뒤, 금천서 강력반은 베트남으로 도주한 용의자를 인도받아 오라는 명령을 받는다. 괴물형사 '마석도'(마동석)와 '전일만'(최귀화) 반장은 현지 용의자에게서 수상함을 느끼고, 그의 뒤에 무자비한 악행을 벌이는 '강해상'(손석구)이 있음을 알게 된다. '마석도'와 금천서 강력반은 한국과 베트남을 오가며 역대급 범죄를 저지르는 '강해상'을 본격적으로 쫓기 시작하는데...

    나쁜 놈들 잡는 데 국경 없다! 통쾌하고 화끈한 범죄 소탕 작전이 다시 펼쳐진다!

줄거리

범죄도시2

범죄도시 2는 부잣집 도련님인 최용기가 강해상에게 납치당하면서 이야기
가 시작된다.

리조트 사업을 하던 최용기는 베트남에 리조트 부지를 알아보던 중, 만난
유종훈이 베트남에 좋은 리조트 부지가 있다고 사람을 소개시켜 줄 것을 빌미
로 강해상에게 납치를 당한다.

　　강해상 일당은 최용기를 납치하여 어딘가로 이동하던 중, 강해상과 함께 일하던 청부업자와 돈 때문에 실랑이를 벌이면서 잠시 차가 정차한 사이에 최용기는 차문을 열고 도주를 한다. 도주한 최용기는 청부업자에게 잡히고, 강해상은 최용기로부터 호텔에 있는 금고의 비밀번호를 안 후에 최용기를 살해하고, 불만을 토로한 청부업자까지 잔혹하게 살해한다.

　　그리고 형사 마석도와 전일만은 사건의 용의자를 인도 받기 위해 베트남으로 가고, 베트남 공안과 수사협조가 원활하지 않자, 직접 강해상이 살해한 시신을 찾아 베트남 공안에 신고하였음에도 오히려 비난을 받는다.

　마석도는 이에 굴하지 않고, 강해상을 찾아서 그의 집에 도착하였을 때, 최
용기의 아버지 최춘백이 보낸 조폭들이 강해상에게 살해당한 현장을 마주치게
된다. 현장에서 마석도는 강해상과 그 부하와 싸움을 하게 되고, 강해상은 도
주하지만 부하는 검거된다. 검거된 부하는 강해상이 최춘백을 납치하기 위해
한국으로 갈 것이라는 정보를 마석도에게 알려주고, 마석도와 전일만은 한국
으로 돌아온다.

　강해상은 최용기의 장례식장에서 최춘백의 부하를 살해하고 최춘백을 납치한 후, 그의 아내에게 20억을 요구한다. 그 요구를 받아들인 아내는 강해상을 만나게 된다. 형사들은 그의 아내의 신변보호를 하고, 최춘백을 구출한다. 하지만 작전 수행 중, 오동균(형사)은 강해상에게 칼을 맞게 되고, 결국 강해상의 검거는 실패하게 된다.

　마석도는 팀원인 오동균의 부상에 분노하고, 기지를 발휘하여 강해상이 노리는 돈가방을 가지고 있던 장이수를 찾아 강해상을 검거하기로 한다. 강해상은 장이수로부터 돈가방을 넘겨받고 경찰들의 눈을 피해 버스에 오르게 된다. 마석도는 위치추적기로 강해상을 찾아 버스를 정차시키고 강해상과 1:1 난투를 벌이게 된다.

마석도와 강해상과의 난투는 버스 안팎에서 벌어지고, 마석도는 강해상의 칼을 맞으면서도 끝까지 싸워 결국은 강해상을 기절하게 만들어 경찰이 검거하게 한다.

범죄도시2

영화 "범죄도시2"에서 마석도 등 형사들은 흉악범 강해상을 잡기
위하여 베트남과 한국에서 활동을 하게 되고, 이 과정에서 무자비한
폭행과 납치, 살인 등이 발생한다. 이와 같은 상황 속에 상습적, 조직
적 범죄가 관여하게 된다.

아래에서는 범죄국제공조기구인 인터폴의 개요 및 폭력조직에 관
한 법률을 중심으로 살펴보기로 한다.

1. 인터폴의 개요 등(출처: 외교부)

(1) 개 요

인터폴은 국제범죄의 예방과 진압을 위해 각 회원국의 국내법이
허용하는 한도 내에서 국제범죄에 관한 정보를 교환하고 범죄자 체
포 및 인도에 대하여 상호 협력하는 정부간 국제기구이다. "인터폴
(Interpol)"이란 명칭은 국제형사경찰기구(International Criminal
Police Organization)의 약칭(헌장 제1조)이다(1956년부터 ICPO-Interpol
을 공식명칭으로 사용).

(2) 구 성

인터폴은 총회, 집행위원회, 사무총국, 국가중앙사무국, 고문단으
로 구성되어 있고, 인터폴 본부 소재지는 프랑스 리옹이다(1989년 파
리에서 이전).

(3) 회원국

회원국은 2024년 6월 현재 196개국이며, 한국은 1964년 가입(제33차 총회, 베네수엘라 카라카스)하였고 제87차 인터폴 총회(2018.11.)에서 김종양 전인터폴 부총재가 인터폴 총재로 선임되기도 하였다.

(4) 조직 및 행정

총회(General Assembly)는 전체 회원국 참석, 인터폴 의사를 결정하는 최고의결기관(연 1회 개최, 개최지는 대륙별로(아시아/아프리카/유럽/미주) 순환)

총회의 주요 임무는
- 기구의 목적 달성에 적합한 원칙과 전반적인 시책의 결정
- 사무총장이 작성한 차년도 사업계획의 검토 및 승인
- 결의안의 채택, 재정에 관한 정책 결정, 회원국에 대한 권고 등

집행위원회(Executive Committee)는 총재 1명, 부총재 4명, 집행위원 8명 등 13명으로 구성(대륙별로(아시아/아프리카/유럽/미주) 3명 배정(부총재 1명, 집행위원 2명), 총재는 대륙 무관 선출), 총재를 포함, 구성원 전원 비상근이다.
- 인터폴 집행위원회 회의 개최(연 3회)
- 각 지역회의 등 참석

집행위원회의 주요 임무(인터폴 헌장 제22조)
- 총회 결정사항의 집행 감독
- 총회 의제 작성
- 필요한 업무 또는 사업의 계획서 등 총회 제출
- 사무총국의 행정 및 업무 감독

(5) 기능

인터폴은 UN 산하기구나 전문기구가 아닌 별도의 국제기구이다. 인터폴 회원국 수는 UN 가입국보다 더 많다. 다만 양자 모두 세계적인 공공 안전에 관한 목적의 공통점이 있다 보니 상호 협력하는 관계에 있다.

또한, 인터폴은 직접 수사를 하는 기구가 아니다. 경찰의 수사권 행사는 엄연히 주권국의 내정(공권력)에 해당하며, 나라 밖의 국제기구가 간섭할 사안이 아니다. 인터폴에게 범죄 수사권을 위임하는 국제법상 협약 같은 것은 없고, 단지 각국 경찰이 빠른 연락과 정보 공유를 위해 사용하는 협력체에 불과하다. 때문에 국제수배된 범죄자가 체포되더라도 인터폴의 이름으로 체포하는 것이 아니라 체포 당사국의 경찰이 체포권을 행사한다. 따라서 인터폴은 '국제경찰'이라기보다는 '각국 경찰의 연결고리(네트워크)'에 가깝다. 인터폴은 주로 치안, 테러, 조직 범죄, 인도에 반한 죄, 환경 범죄, 집단 학살, 전쟁 범죄, 해적, 마약 생산·밀매, 무기 밀매, 인신매매, 돈세탁, 아동 포르노, 화이트칼라 범죄, 사이버 범죄, 지적재산권 침해, 부정부패 등의 문제를 다루나, 중립성을 지키기 위해 어떠한 문제에도 직접 개입할 수 없게 되어 있다.

비록 인터폴이 법적 구속력을 가진 '국제경찰'은 아닐지라도, 여러 국가에 걸친 범죄나 범죄인 송환(인도)과 관련해서 당사국 행정부가 적극적으로 개입하기 어려운 사정이 있을 때 인터폴을 통한 연락과 공조는 큰 힘을 발휘한다. 예를 들어 A국의 경찰이 자국 범죄자가 B국으로 도주한 것 같다고 의심하면 인터폴을 통해 B국에 해당 인물이 있는지 확인을 요청할 수 있다. 만약 B국의 경찰이 인터폴에 가입되어 있지 않으면 이 절차가 외교 채널을 통해 이뤄지므로 몹시 느려지고 정밀도가 떨어진다. 심지어 상대 국가에서 조회를 거부할 수도 있다. 하지만 인터폴에 가입되어 있다면 매우 신속하고 정확하게 조회를 할 수 있다. 다만 인터폴의 가입 여부와 범죄인 인도조약과는 별개라서 조회를 통해 B국에 해외 도피 범죄자가 있다는 것을 확인해도 비체결 국가라면 체포해 송환할 수는 없다. 이 점이 인터폴의 한계이다. 하지만 인터폴에서 그 인물을 예의주시하거나 국제수배령을 내린다면 이야기는 달라진다. 범죄인 인도조약이 체결 안 된 B국에서 그 인물이 출국을 하게 되면 그 즉시 인터폴이 이 인물의 행적을 추적하기 시작한다. 만약 그 인물이 A국과 범죄인 인도조약이 체결된 C국으로 출국한 사실이 확인되면 그 즉시 A국에 통보하여 A국에서 C국에 그 인물의 체포를 요청. 범죄인 인도조약을 통해 A국에 송환되도록 돕는다.

또한 국제 수배가 발령됐는데 가짜 여권으로 외국에 밀입국한 인물이 어떤 사고를 쳐서 그 국가의 경찰에 체포되어 조사를 받게 되어 진짜 신분이 드러나면 인터폴로 통보된다. 물론 이것도 범죄인 인도조약과는 별개의 문제다.

2. 폭력행위 등 처벌에 관한 법률

(1) 법률내용

1) 목 적

이 법은 집단적 또는 상습적으로 폭력행위 등을 범하거나 흉기 또는 그 밖의 위험한 물건을 휴대하여 폭력행위 등을 범한 사람 등을 처벌함을 목적으로 한다(제1조).

2) 폭행 등

2명 이상이 공동하여 다음 각 호의 죄를 범한 사람은 「형법」 각 해당 조항에서 정한 형의 2분의 1까지 가중한다(제2조제2항).

1. 형법 제260조제1항(폭행), 제283조제1항(협박), 제319조(주거침입, 퇴거불응) 또는 제366조(재물손괴 등)의 죄
2. 형법 제260조제2항(존속폭행), 제276조제1항(체포, 감금), 제283조제2항(존속협박) 또는 제324조제1항(강요)의 죄
3. 형법 제257조제1항(상해) · 제2항(존속상해), 제276조제2항(존속체포, 존속감금) 또는 제350조(공갈)의 죄

그리고 이 법(형법 각 해당 조항 및 각 해당 조항의 상습범, 특수범, 상습특수범, 각 해당 조항의 상습범의 미수범, 특수범의 미수범, 상습특수범의 미수범을 포함한다)을 위반하여 2회 이상 징역형을 받은 사람이 다시 제2항 각 호에 규정된 죄를 범하여 누범(累犯)으로 처벌할 경우에는 다음 각 호의 구분에 따라 가중처벌한다(제2조제3항).

1. 제2항제1호에 규정된 죄를 범한 사람: 7년 이하의 징역
2. 제2항제2호에 규정된 죄를 범한 사람: 1년 이상 12년 이하의 징역
3. 제2항제3호에 규정된 죄를 범한 사람: 2년 이상 20년 이하의 징역

그러나 제2항과 제3항의 경우에는 형법 제260조제3항(폭행, 존속폭행)(피해자의 의사에 반한 공소불제기) 및 제283조제3항(협박, 존속협박)(피해자의 의사에 반한 공소불제기)을 적용하지 아니한다(제2조제4항).

3) 집단적 폭행 등

이 법(형법 각 해당 조항 및 각 해당 조항의 상습범, 특수범, 상습특수범, 각 해당 조항의 상습범의 미수범, 특수범의 미수범, 상습특수범의 미수범을 포함한다)을 위반하여 2회 이상 징역형을 받은 사람이 다시 다음 각

호의 죄를 범하여 누범으로 처벌할 경우에는 다음 각 호의 구분에 따라 가중처벌한다(제3조제4항).

1. 형법 제261조(특수폭행)(제260조제1항의 죄를 범한 경우에 한정한다), 제284조(특수협박)(제283조제1항의 죄를 범한 경우에 한정한다), 제320조(특수주거침입) 또는 제369조제1항(특수손괴)의 죄: 1년 이상 12년 이하의 징역

2. 형법 제261조(특수폭행)(제260조제2항의 죄를 범한 경우에 한정한다), 제278조(특수체포, 특수감금)(제276조제1항의 죄를 범한 경우에 한정한다), 제284조(특수협박)(제283조제2항의 죄를 범한 경우에 한정한다) 또는 제324조제2항(강요)의 죄: 2년 이상 20년 이하의 징역

3. 형법 제258조의2제1항(특수상해), 제278조(특수체포, 특수감금)(제276조제2항의 죄를 범한 경우에 한정한다) 또는 제350조의2(특수공갈)의 죄: 3년 이상 25년 이하의 징역

4) 단체 등의 구성과 활동

이 법에 규정된 범죄를 목적으로 하는 단체 또는 집단을 구성하거나 그러한 단체 또는 집단에 가입하거나 그 구성원으로 활동한 사람은 다음 각 호의 구분에 따라 처벌한다(제4조제1항). 수괴(우두머리)는 사형, 무기 또는 10년 이상의 징역, 간부는 무기 또는 7년 이상의 징역, 그 밖의 사람은 2년 이상의 유기징역에 처한다(제4조제1항제1호 내지 제3호). 그리고 제4조제1항의 단체 또는 집단을 구성하거나 그러한 단체 또는 집단에 가입한 사람이 단체 또는 집단의 위력을 과시하거나 단체 또는 는 집단의 존속·유지를 위하여 다음 각 호(제4조제2항제1호와 제2호)의 어느 하나에 해당하는 죄를 범하였을 때에는 그 죄에 대한 형의 장기(長期) 및 단기(短期)의 2분의 1까지 가중한다(제4조제2항).

구체적 각호는 아래와 같다.

1. 형법에 따른 죄 중 다음 각 목의 죄
가. 형법 제8장 공무방해에 관한 죄 중 제136조(공무집행방해), 제141조(공용서류 등의 무효, 공용물의 파괴)의 죄
나. 형법 제24장 살인의 죄 중 제250조제1항(살인), 제252조(촉탁, 승낙에 의한 살인 등), 제253조(위계 등에 의한 촉탁살인 등), 제255조(예비, 음모)의 죄
다. 형법 제34장 신용, 업무와 경매에 관한 죄 중 제314조(업무방해), 제315조(경매, 입찰의 방해)의 죄
라. 형법 제38장 절도와 강도의 죄 중 제333조(강도), 제334조(특수강도), 제335조(준강도), 제336조(인질강도), 제337조(강도상해, 치상), 제339조(강도강간), 제340조제1항(해상강도) · 제2항(해상강도상해 또는 치상), 제341조(상습범), 제343조(예비, 음모)의 죄
2. 제2조 또는 제3조의 죄(형법 각 해당 조항의 상습범, 특수범, 상습특수범을 포함한다)

그 밖에, 타인에게 제1항의 단체 또는 집단에 가입할 것을 강요하거나 권유한 사람은 2년 이상의 유기징역에 처한다(제4조제3항). 그리고 제4조제1항의 단체 또는 집단을 구성하거나 그러한 단체 또는 집단에 가입하여 그 단체 또는 집단의 존속 · 유지를 위하여 금품을 모집한 사람은 3년 이상의 유기징역에 처한다(제4조제4항).

5) 단체 등의 이용과 지원
동법 제4조제1항의 단체 또는 집단을 이용하여 이 법이나 그 밖의 형벌 법규에 규정된 죄를 범하게 한 사람은 그 죄에 대한 형의 장기

및 단기의 2분의 1까지 가중한다(제5조제1항). 그리고 제4조제1항의 단체 또는 집단을 구성하거나 그러한 단체 또는 집단에 가입하지 아니한 사람이 그러한 단체 또는 집단의 구성·유지를 위하여 자금을 제공하였을 때에는 3년 이상의 유기징역에 처한다(제5조제2항).

6) 미수범

동법 제2조, 제3조, 제4조제2항[형법 제136조, 제255조, 제314조, 제315조, 제335조, 제337조(강도치상의 죄에 한정한다), 제340조제2항(해상강도치상의 죄에 한정한다) 또는 제343조의 죄를 범한 경우는 제외한다] 및 제5조의 미수범은 처벌한다(제6조).

7) 우범자

정당한 이유 없이 이 법에 규정된 범죄에 공용(供用)될 우려가 있는 흉기나 그 밖의 위험한 물건을 휴대하거나 제공 또는 알선한 사람은 3년 이하의 징역 또는 300만원 이하의 벌금에 처한다(제7조).

8) 정당방위 등

이 법에 규정된 죄를 범한 사람이 흉기나 그 밖의 위험한 물건 등으로 사람에게 위해(危害)를 가하거나 가하려 할 때 이를 예방하거나 방위(防衛)하기 위하여 한 행위는 벌하지 아니한다(제8조제1항). 제8조제1항의 경우에 방위 행위가 그 정도를 초과한 때에는 그 형을 감경한다(제8조제2항). 제8조제2항의 경우에 그 행위가 야간이나 그 밖의 불안한 상태에서 공포·경악·흥분 또는 당황으로 인한 행위인 때에는 벌하지 아니한다(제8조제3항).

9) 사법경찰관리의 직무유기

사법경찰관리(司法警察官吏)로서 이 법에 규정된 죄를 범한 사람을 수사하지 아니하거나 범인을 알면서 체포하지 아니하거나 수사상 정보를 누설하여 범인의 도주를 용이하게 한 사람은 1년 이상의 유기징역에 처한다(제9조제1항). 뇌물을 수수(收受), 요구 또는 약속하고 제1항의 죄를 범한 사람은 2년 이상의 유기징역에 처한다(제9조제2항).

10) 사법경찰관리의 행정적 책임

관할 지방검찰청 검사장은 제2조부터 제6조까지의 범죄가 발생하였는데도 그 사실을 자신에게 보고하지 아니하거나 수사를 게을리하거나 수사능력 부족 또는 그 밖의 이유로 사법경찰관리로서 부적당하다고 인정하는 사람에 대해서는 그 임명권자에게 징계, 해임 또는 교체임용을 요구할 수 있다(제10조제1항). 제1항의 요구를 받은 임명권자는 2주일 이내에 해당 사법경찰관리에 대하여 행정처분을 한 후 그 사실을 관할 지방검찰청 검사장에게 통보하여야 한다(제10조제2항).

(2) 관련 사건판례(일명 "이태원 살인사건")

■■■● [대법원 2017. 1. 25. 선고 2016도15526 판결]

【판시사항】

[1] 형사소송절차에서 두 죄 사이에 공소사실이나 범죄사실의 동일성이 있는지 판단하는 기준

[2] 피고인이 '1997. 4. 3. 21:50경 서울 용산구 이태원동에 있는 햄버거 가게 화장실에서 피해자 갑을 칼로 찔러 을과 공모하여 갑을 살해하였다'는 내용으로 기소되었는데, 선행사건에서 '1997. 2. 초순부터 1997. 4. 3. 22:00경까지 정당한 이유 없이 범죄에 공용될 우려가 있는 위험한 물건인 휴대용 칼을 소지하였고, 1997. 4. 3. 23:00경 을이 범행 후 햄버거 가게 화장실에 버린 칼을 집어 들고 나와 용산 미8군영 내 하수구에 버려 타인의 형사사건에 관한 증거를 인멸하였다'는 내용의 범죄사실로 유죄판결을 받아 확정된 사안에서, 살인죄의 공소사실과 선행사건에서 유죄로

확정된 증거인멸죄 등의 범죄사실 사이에 기본적 사실관계의 동일성이 없다고 한 사례

　[3] 형사재판에서 유죄를 인정하기 위한 증거의 증명력 정도 및 법관이 범죄사실에 대한 증명이 있는지 판단하는 방법

　[4] 피고인이 '1997. 4. 3. 21:50경 서울 용산구 이태원동에 있는 햄버거 가게 화장실에서 피해자 갑을 칼로 찔러 을과 공모하여 갑을 살해하였다'는 내용으로 기소된 사안에서, 피고인과 을은 서로 상대방이 갑을 칼로 찔렀고 자신은 우연히 그 장면을 목격하였을 뿐이라고 주장하나, 제반 사정을 종합하면 피고인이 갑을 칼로 찔러 살해하였음이 합리적인 의심을 할 여지가 없을 정도로 증명되었다고 본 원심판단이 정당하다고 한 사례

【판결요지】

　[1] 형사소송절차에서 두 죄 사이에 공소사실이나 범죄사실의 동일성이 있는지는 기본적 사실관계가 동일한지에 따라 판단하여야 한다. 이는 순수한 사실관계의 동일성이라는 관점에서만 파악할 수 없고, 피고인의 행위와 자연적·사회적 사실관계 이외에 규범적 요소를 고려하여 기본적 사실관계가 실질적으로 동일한지에 따라 결정해야 한다.

　[2] 피고인이 '1997. 4. 3. 21:50경 서울 용산구 이태원동에 있는 햄버거 가게 화장실에서 피해자 갑을 칼로 찔러 을과 공모하여 갑을 살해하였다'는 내용으로 기소되었는데, 선행사건에서 '1997. 2. 초순부터 1997. 4. 3. 22:00경까지 정당한 이유 없이 범죄에 공용될 우려가 있는 위험한 물건인 휴대용 칼을 소지하였고, 1997. 4. 3. 23:00경 을이 범행 후 햄버거 가게 화장실에 버린 칼을 집어 들고 나와 용산 미8군영 내 하수구에 버려 타인의 형사사건에 관한 증거를 인멸하였다'는 내용의 범죄사실로 유죄판결을 받아 확정된 사안에서, 살인죄의 공소사실과 선행사건에서 유죄로 확정된 폭력행위 등 처벌에 관한 법률 위반(우범자)죄와 증거인멸죄(이하 '증거인멸죄 등'이라고 한다)는 범행의 일시, 장소와 행위 태양이 서로 다르고, 살인죄는 폭력행위 등 처벌에 관한 법률 위반(우범자)죄나 증거인멸죄와는 보호법익이 서로 다르며 죄질에서도 현저한 차이가 있으므로, 살인죄의 공소사실과 증거인멸죄 등의 범죄사실 사이에 기본적 사실관계의 동일성이 없다고 한 사례.

　[3] 형사재판에서 유죄의 인정은 법관으로 하여금 합리적인 의심을 할

여지가 없을 정도로 공소사실이 진실한 것이라는 확신을 갖도록 할 수 있는 증명력을 가진 증거에 의하여야 한다. 여기에서 말하는 합리적 의심이란 모든 의문이나 불신을 말하는 것이 아니라 논리와 경험법칙에 기하여 증명이 필요한 사실과 양립할 수 없는 사실의 개연성에 대한 합리적인 의문을 의미한다. 따라서 단순히 관념적인 의심이나 추상적인 가능성에 기초한 의심은 합리적 의심에 포함되지 않는다. 법관은 반드시 직접증거로만 범죄사실에 대한 증명이 있는지를 판단하는 것은 아니고, 직접증거와 간접증거를 종합적으로 고찰하여 논리와 경험의 법칙에 따라 범죄사실에 대한 증명이 있는 것으로 판단할 수 있다.

[4] 피고인이 '1997. 4. 3. 21:50경 서울 용산구 이태원동에 있는 햄버거 가게 화장실에서 피해자 갑을 칼로 찔러 을과 공모하여 갑을 살해하였다'는 내용으로 기소된 사안에서, 갑은 피고인과 을만 있던 화장실에서 칼에 찔려 사망하였고, 피고인과 을은 서로 상대방이 갑을 칼로 찔렀고 자신은 우연히 그 장면을 목격하였을 뿐이라고 주장하나, 범행 현장에 남아 있던 혈흔 등에 비추어 을의 주장에는 특별한 모순이 발견되지 않은 반면 피고인의 주장에는 쉽사리 해소하기 힘든 논리적 모순이 발생하는 점, 범행 이후의 정황에 나타난 여러 사정들 역시 피고인이 갑을 칼로 찌르는 것을 목격하였다는 을의 진술의 신빙성을 뒷받침하는 점 등 제반 사정을 종합하면, 피고인이 갑을 칼로 찔러 살해하였음이 합리적인 의심을 할 여지가 없을 정도로 충분히 증명되었다고 본 원심판단이 정당하다고 한 사례.

공범

제발 아니라고
말해줘...

2013.10.24

스릴러/한국/95분/2013.10.24. 개봉
감독 국동석
출연 손예진(정다은), 김갑수(정순만) 등
15세관람가

Blood and Ties, 2013

1998년 대한민국을 충격에 빠뜨린 故 한채진 군 유괴살인사건!

공소시효를 앞두고 '다은'은 실제 범인의 목소리에서 세상에서 가장 익숙한 아빠의 존재를 느끼고 그의 과거를 추적하기 시작한다. 파헤치면 파헤칠수록 딸 다은은 혼란에 휩싸이고 평생 자신을 위해 모든 것을 바쳐 온 아빠에 대한 의심은 커져만 간다. 사건의 실마리를 찾는 끊임 없는 추적과 이를 교묘하게 벗어나는 범인 사이의 긴장감이 흐른다.

줄거리

공범

　어느 날 다은(손예진 분)은 친구 재경(이규환 분)과 보라(조안 분)와 함께 영화를 보게 된다. 영화는 15년 전 있었던 한채진 군 유괴사건을 바탕으로 한 것으로 영화의 마지막에 등장한 진범의 목소리. "...끝날 때까지 끝난 게 아닙니다." 그의 목소리가 다은에게 혼란을 가져다준다.

　영화를 보고 나오던 중 보라가 무심코 던진 한마디. "마지막 범인 목소리 꼭 다은이네 아빠 목소리 같지 않아?" 그 소리를 들은 다은은 보라를 향해 신경질적으로 화를 낸다.

　하지만 의심의 꼬리는 계속해서 물고 또 물어 다은은 더 이상 아빠를 믿을 수 없게 만들게 되고 그때 다은과 순만(김갑수 분) 앞에 준영(임형준 분)이 나타난다. 준영은 순만에게 조용히 돈을 요구하며 과거를 알려 버리겠다고 협박한다.

　모든 것이 의심스럽고 혼란스러워진 다은은 재경에게 순만과 자신의 엄마의 신원 조회를 부탁하고, 결과를 듣고 충격을 받는다. 세상 어디에도 그렇게 착한 사람이 없을 것 같던 아빠는 전과3범의 전과자이고, 자신이 태어나면서 돌아가셨다고 알고 있던 엄마는 아직 살아계셨던 것이다.

　자신의 엄마를 찾기 위해 집주소로 찾아갔다 준영과 마주치고, 그녀는 아빠의 정체도 아빠가 무슨 일을 한 것인지에 대한 의구심도 더욱더 커지게 된다. 죽은 줄로만 알았던 엄마는 이제 곧 정말 죽을지도 모르는 시한부 환자로 눈조차 뜨지 못한 채 누워있고, 준영이라는 남자는 자신의 엄마의 남동생이었던 것이다.

　더 이상 아빠를 믿을 수 없게 된 다은은 순만에게 묻는다. "아빠가 진짜 범인이야?"

　하지만 순만은 세상 어디에도 없는 순진한 표정으로 절대 자신은 아니라고 한다. 다은은 더욱 혼란스럽게 된다.

　　다은은 자신이 태어났던 산부인과 원장이자 15년 전 유괴당한 한채진군의
아버지 한인수(강신일 분)를 찾아가 기자인 척 연기한다. 그리고 그가 다은에게
기사를 내달라며 준 종이쪽지 한 장을 보고 다은은 아빠가 범인이라고 확신하
게 된다.

　　다은은 곧장 집으로 달려가 아빠가 범인이냐고 재차 확인한다. 인수가 다은
에게 건네준 종이쪽지는 다은이가 초등학교 다닐 무렵 순만이 불러준 받아쓰
기와 똑같았던 것이다. 모든 정황과 증거가 가득인 데도 순만은 절대 자신은
아니라고 말한다.

　　다은은 순만에게 말한다. "아빠가 범인이어도 나 신고 못해. 그러니까 나한
테만 사실대로 말해줘." 그러다 재경이 순만의 신원조회를 한 데이터가 경찰에
게 넘어가게 되고 결국 순만이 강력한 살인용의자로 지목받게 된다.

　순만의 집에 경찰이 들이닥치고 다은은 본능적으로 결정적 증거가 적힌 다은의 어렸을 적 썼던 종이를 숨긴다. 그 순간 인수가 나타나 화를 참지 못하고 순만을 밀쳐 기절하게 만들게 되면서, 사건은 그렇게 다시 해결되지 못하게 될지도 모르는 위기에 빠지게 된다.

　순만의 목소리를 감정해서 진범의 목소리와 대조한 결과만 나오면 과거 살인사건은 해결이다. 하지만 순만이 그렇게 병원신세를 지며 일어날 기미가 보이지 않으면서 공소시효가 다가오고 있다. 그리고 다은은 조용히 마음을 가다듬으며 모든 정황과 자신이 알고 있는 모든 사실을 은폐하기로 마음먹는다.

　　경찰에 불려가 조사를 받는 다은은 절대적으로 순만이 범인이 아니라고 한다.

　　공소시효가 다가오자 마음 졸이는 인수는 다은이 조사받는 날 찾아와 다은을 다그친다. 하지만 다은은 꿈쩍도 하지 않은 채 순만의 편만 든다. 그러다 순만이 극적으로 눈을 뜨게 되고 범인과의 목소리 대조만 남은 상황이 전개되고, 공소시효 1시간 전에 나온 결과에.... 순만은 범인이 아니라고 판정난다.

　　하지만 순만에 대한 의심을 하던 다은은 공소시효가 만료되는 12시에 순만에게 모든 것이 끝났으니 자신에게만 말해달라고 애원한다. 하지만 순만은 끝까지 아니라고 한다. 공소시효가 끝난 12시가 지나자 순만의 표정이 달라지면서 말을 한다.

　　"우리 이제 행복하게 살 수 있어... 아빠가 말했지? 끝날 때까지 끝난 게 아니라고......"

　　결국 모든 사실을 알게 된 다은은 기겁하며 순만에게서 달아나려 할 때 뒤따라오던 인수는 순만의 차를 낭떠러지로 밀어버린다. 결국, 순만과 인수는 죽고 다은은 겨우 목숨만 건질 수 있게 된다.

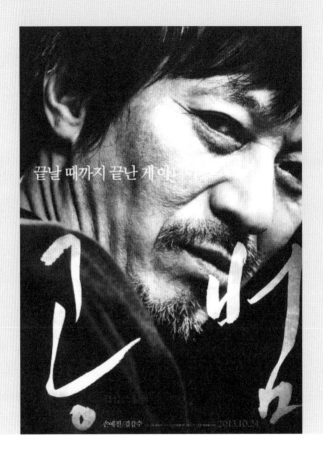

　다은은 순만의 진짜 딸이 아니다. 순만이 그렇게 갖고 싶어 하던 딸은 뱃속에서 유산되고 이를 받아들일 수 없던 순만은 부인이 다니던 인수의 산부인과에서 여자아이(다은)를 유괴한다. 그리고 세상 어디에도 없을 만큼 사랑하며 키웠던 것이다. 그리고 그 사실을 알고 있던 순만의 부인과 그녀의 동생 준영은 그것을 빌미로 순만에게 돈을 요구한 것이다. 그 돈을 마련하기 위하여 순만은 한채진 군을 유괴하게 된 것이다.

법률
산책 공범

영화 속에서 진범인 순만이 끝까지 살인행위를 발설하지 않고 버티는 것은 살인죄의 공소시효가 다가오고 있기 때문이다. 그렇다면 공소시효는?

1. 공소시효

(1) 공소시효와 형의 시효의 개념

"공소시효"는 확정판결 이전에 형사소추권의 소멸을 가져오는 제도로서, 형사소송법에 규정되어 있고, 공소시효가 완성되면 검찰의 불기소사유(공소권 없음) 또는 법원의 면소판결사유가 된다(형소법 제326조제3호). 반면에 "형의 시효"는 확정판결 후에 형벌권의 효력을 소멸시키는 제도로서, 형법에 규정하고 있고, 형의 시효가 완성되면 확정된 형의 집행이 면제된다.

(2) 공소시효의 기간

사형에 해당되는 범죄(25년), 무기징역 또는 무기금고에 해당되는 범죄(15년), 장기 10년 이상의 징역 또는 금고에 해당되는 범죄(10년), 장기 10년 미만의 징역 또는 금고에 해당하는 범죄(7년), 장기 5년 미만의 징역 또는 금고, 장기 10년 이상의 자격정지 또는 벌금에 해당하는 범죄(5년)(형소법 제249조), 장기 5년 이상의 자격정지에 해당하는 범죄(3년), 장기 5년 미만의 자격정지, 구류, 과료 또는 몰수에 해당하는 범죄(1년)이다. 그리고 2개 이상의 형을 병과(각 죄에 대하여 독자적인 형을 확정한 이를 합산하여 형을 부과하는 방법, **예** 징역과 벌금)하거나 2개 이상의 선택형에서 그 1개를 과할 범죄에는 중한 형에 의하여 공소시효를 결정하고(형소법 제250조), 형법이 형을 가중 또는 감경하는 경우에는 가중 또는 감경하지 아니한 형에 의하여 시효기간이 정해진다(형소법 제251조).

(3) 공소시효 기산점

범죄행위의 종료시가 기산점이며(형소법 제252조제1항), 공범이 있는 때에는 최종행위가 종료한 때로부터 공범 전체에 대하여 공소시효가 진행된다(형소법 제252조제2항). 여기에서 공범은 필요적 공범(범죄의 특성상 수인이 공동을 필요로 하는 범죄, **예** 내란죄, 도박죄, 아동혹사죄, 부녀매매죄, 수뢰죄, 의사등낙태죄, 배임수증죄, 특수도주죄, 특수절도죄, 특수강도죄, 특수폭행죄, 특수주거침입죄, 특수협박죄, 특수손괴죄, 특수공무집행방해죄, 해상강도죄)을 포함하는 광의의 공범이며, 범죄행위의 종료시는 구성요건적 실행행위 이후의 결과발생시를 의미한다.

다만 성폭력범죄의 공소시효는 형사소송법의 규정에도 불구하고 성폭력범죄로 피해를 당한 미성년자가 성년에 달한 날부터 진행한다(성폭력범죄의 처벌 등에 관한 특례법 제21조제1항). 그리고 강간과 강제추행죄의 경우에는 DNA증거 등 그 죄를 증명할 수 있는 과학적 증거가 있는 때에는 공소시효가 10년 연장된다(성폭력범죄의 처벌 등에 관한 특례법 제21조제2항).

공소장 변경시에는 처음 공소를 제시한 시기가 기산점이다(대판 1992.4.24. 91도3105).

공범은 최종행위가 종료한 때부터 전체 공범에 대한 공소시효기간을 기산한다(형소법 제252조제2항).

한편 시효기간의 계산에서 초일은 기간을 계산함이 없이 1일로 산정하고 기간의 말일이 공휴일이거나 토요일이라도 그 기간에 산입한다(형소법 제66조).

(4) 공소시효의 정지사유

공소시효의 정지사유가 존재하는 경우에는 공소시효가 정지되어 진행이 되지 않는다. 정지사유로는 공소제기, 범인의 국외도피와 재정신청(검사의 불기소처분에 불복하여 그 불기소처분의 당부를 가려 달라고 직접 법원에 신청하는 제도)이 있다.

특별법상 정지사유로는, 소년법에서는 소년보호사건에 대하여 소년부판사가 심리개시 결정을 한 때에는 그 사건에 대한 보호처분의 결정이 확정될 때까지 공소시효가 정지된다(소년법 제54조).

(5) 공소시효의 연장 및 적용배제

현재의 공소시효기간이 독일 등 타국에 비하여 짧아서, 법조계를 중심으로 공소시효의 연장 및 적용배제가 주장되고 있다. 즉, 무기징역 혹은 그 이상의 법정형의 경우에는 30년, 장기 10년 이상의 범죄의 경우에는 10년, 장기 10년 미만의 경우에는 7년, 장기 5년 미만의 경우에는 5년으로 규정되어 있는 것을, 10년을 15년 또는 20년으로 7년을 10년으로 연장하는 것이 제기되고 있다. 아울러 사람을 살해한 범죄(종범은 제외)로 사형에 해당하는 범죄에 대해서는 공소시효가 적용되지 않는다(형사소송법 제253조의2)(**데** 일명 "태완이 법" 적용확대).

현재 헌정질서파괴범죄의 공소시효 등에 관한 특례법은 형법상 내란의 죄·외환의 죄와 군형법상 반란의 죄·이적의 죄 등 헌정질서파괴범죄, 형법 제250조의 살인죄로서 집단살해죄의 방지와 처벌에 관한 협약에 규정된 집단살해에 해당하는 범죄에 대하여 공소시효가 배제되고 있다. 그리고 조세범처벌법 제17조는 동법의 일정한 범칙행위의 공소시효기간을 5년 또는 2년으로 제한하고, 공직선거법 제268조는 공소시효의 원칙으로 선거일 후 6개월(선거일 후에 행해진 범죄는 그

행위가 있는 날로부터 6개월)로 제한하고 있다. 다만, 범인이 도피한 때나 범인이 공범 또는 범죄의 증명에 필요한 참고인을 도피시킨 때에는 그 기간은 3년으로 한다.

(6) 공소시효 완성의 효과

공소제기 전에 검사가 공소시효가 완성된 사실을 발견한 때 공소권 없음의 불기소처분을 해야 한다. 공소제기 후에 공소제기 당시 이미 공소시효가 완성되었음이 발견한 때에는 면소판결을 해야 한다(형소법 제326조제3호). 즉, 공소시효를 실체적 소송조건으로 규정하고 있으므로, 면소판결을 하지 않고 사유를 간과하고 실체판결을 한 경우에는 상소이유가 된다.

영화속에 범인은 어린아이에게 쪽지에 대필을 하도록 하여, 유괴당한 부모에게 그 쪽지를 보낸다. 범인과 그 어린아이의 공범은?

2. 공동정범

(1) 개 념

2인 이상이 서로 의사연락으로 실현하는 범죄를 공범이라고 한다. 공범에는 공동정범, 교사범과 종범이 있고, 공동정범은 "2인 이상이 공동하여 죄를 범하는 경우", 교사범은 "타인을 교사하여 죄를 범하게 하는 경우", 종범은 "타인의 범죄를 방조하는 경우"에 해당한다. 따라서 공동정범은 단독으로 범할 수 있는 범죄를 2인 이상이 공동하여 범하여 성립하는 범죄를 말한다. 공동정범은 각자를 그 죄의 정범으로 처벌한다(형법 제30조).

(2) 요 건

첫째, 2인 이상의 행위자가 공동의 범죄를 실현할 의사연락이 있을 것(공동가공의사, 판례는 전체의 모의과정이 없더라도 수인 사이에 순차적으로 또는 암묵적으로 상통하여 의사결합이 이루어지면 족하다고 함, 주관적 요건), 둘째, 객관적으로 공동가공의사에 기초하여 각각 분업적 위치에서 가능적이고 직접적인 공동실행행위의 사실이 있을 것(객관적 요건)이 요구된다.

(3) 사 례

안수기도에 참여하여 목사가 안수기도의 방법으로 폭행을 함에 있어서 시종일관 폭행행위를 보조하였을 뿐 아니라 더 나아가 스스로 피해자를 폭행하기도 한 것에 비추어 목사의 폭행행위를 인식하고도 이를 안수기도의 한 방법으로 알고 묵인함으로써 폭행행위에 관하여 묵시적으로 의사가 상통하였고 나아가 그 행위에 공동가공함으로써 공동정범의 책임을 면할 수 없다.

이른바 딱지어음(고의로 부도를 낼 계획을 세우고 발행하여 유통하는 어음의 총칭)을 발행하여 매매한 이상 사기의 실행행위에 직접 관여하지 아니하였다고 하여도 공동정범으로서의 책임을 면하지 못한다.

3. 교사범
(1) 교사범의 개념

"교사범"이란 타인을 부추겨 범죄를 범하도록 한 자를 가리킨다. 형법 제31조제1항은 "타인을 교사하여 죄를 범하게 한 자는 죄를 실행한 자와 동일한 형으로 처벌한다"고 규정하고 있다.

교사범은 범행을 지배하지 않는다. 교사범은 범죄를 직접 실행하거나, 피교사자와 실행을 분담하지 않으며 또한 피교사자의 의사력을 지배하지도 않는다. 이 점에서 교사범은 정범(단독정범, 공동정범, 간접정범)과 구분된다. 하지만 교사자는 피교사자가 실현한 범죄의 불법을(마치 그가 스스로 저지른 것처럼) 그에게 귀속시킬 수 있을 정도로 피교사자의 범죄실현에 대해 규정적인 역할을 한다. 교사자가 정범의 범죄실현을 규정한다는 의미는 교사를 통하여 보호법익에 대한 침해위험이 구체적으로 증가되는 것을 말한다. 이 점에서 교사범은 방조범과 구별된다. 따라서 종종 교사범을 교사된 범죄의 '창시자'라고 비유되기도 한다.

(2) 교사범의 성립요건

교사범의 성립요건으로서 첫째, 교사자의 교사행위 둘째, 피교사자의 실행행위 셋째, 교사와 범죄 사이의 귀속연관성을 들 수 있다. 첫 번째 요건은 교사범이 정범과 구별되는 성립요건이고, 두 번째 요건은 교사범이 방조범과 구별되는 성립요건이며, 세 번째 요건은 정범의 불법으로부터 차용해오는 교사범의 불법귀속이 책임원칙에 부합하도록 하는 요건이다.

1) 교사자의 교사행위

교사범이 되려면 정범의 범죄실현에 대해 규정적인 역할을 해야 한다. 이를 위해서는 교사의 기획과 교사행위가 있어야 한다.

① 교사의 기획

교사범은 주관적으로 타인을 부추겨 범죄를 범하게 할 기획을 갖고 교사행위를 하여야 한다.

교사의 기획의 핵심은 교사고의이다. 교사고의는 특정한 사람(피교사자)에게 특정한 범죄를 범하도록 부추길 의사와 그 타인이 정범으로서 행하는 범죄의 구성요건적 고의를 함께 갖고 있을 때 인정된다(이중의 고의).

교사고의는 피교사자(정범)가 다수인일 때도 인정될 수 있지만 그 다수인은 특정되어 있어야 한다(정범의 특정). 불특정 다수인에 대한 교사고의는 성립할 수 없다. 그러나 피교사자가 특정되어 있는 한 피교사자의 인적 사항이 교사자에게 알려져 있을 필요는 없다.

교사고의는 피교사자가 행할 범죄를 특정하고 있어야 한다(범죄의 특정). 즉, 교사자는 정범이 실현하는 범죄의 모든 불법요소를 인식하고 그 실현을 의욕하여야 한다. 예컨대 신분범의 경우에는 피교사자가 신분자라는 점에 대한 인식이, 영득죄의 경우에는 피교사자가 불법영득의사를 갖도록 부추기는 것이 교사고의의 필수적인 요소가 된다. 그러므로 막연하게 죄를 범하라고 부축인 것으로는 교사고의가 인정되지 않는다.

이에 반하여 책임요소인 책임능력이 피교사자에게 있는지에 대한 인식은 교사고의에 포함되지 않는다. 따라서 피교사자의 책임능력 유무에 대한 교사자의 착오(피교사자에 대한 착오)는 교사범의 성립에 영향을 미치지 않는다고 할 것이다.

   * "함정수사"라 함은 본래 범의를 가지지 아니한 자에 대하여 수사기관이 사술이나 계략 등을 써서 범의를 유발케 하여 범죄인을 검거하는 수사방법을 말하는 것이므로, 범의를 가진 자에 대하여 범행의 기회를 주거나 범행을 용이하게 한 것에 불과한 경우에는 함정수사라고 말할 수 없다(대판 1983.4.12, 82도2433: 1992.10.27, 92도1377). 함정수사는 교사자의 고의가 피교사자로 하여금 범죄를 착수하게 하되, 범죄의 완성을 의욕하지 않은 경우인 '미수의 교사'의 대표적 예이다.

교사는 과실로 일어날 수도 있지만 과실에 의한 교사범을 인정하지 않는다(통설).

② 교사행위

먼저 교사범이 되려면 피교사자가 범죄를 범하도록 부추기는 행위를 해야 한다. 교사의 기획 아래 일정한 교사행위를 하여야 한다. 교사행위의 수단과 방법에는 제한이 없다. 하지만 교사행위는 범죄결의를 유발하는 의사소통적 행위이어야 한다. 첫째, 범죄결의를 유발한다는 점에서 교사는 방조와 구별된다. 그러므로 범죄의 실현에 도움이 되는 계기를 객관적으로 마련한 것만으로는 교사가 인정되지 않는다. 둘째, 의사소통적 행위라는 점에서 교사는 간접정범의 이용행위와도 구별된다. 간접정범이 피이용자의 의사력을 지배하는 관계를 두고 의사소통적 관계라고 할 수는 없다. 그러므로 교사행위의 외양은 명령, 지시, 설득, 애원, 요청, 유혹, 감언, 이익제공 등의 형태로 나타나기 쉽지만 강요나 기망의 형태로는 어렵다. 셋째, 교사행위는 의사소통적 행위일 뿐이므로 범죄실행에 이르지 않았어야 한다. 명령이나 지시 등의 교사행위가 의사소통적 행위의 성격을 넘어 범죄실행의 의미를 갖게 되면, 교사행위가 아니라 범행지배행위로 전환되고, 교사자는 (공동)정범이 된다.

한편 부작위행위에 의한 교사는 이론적으로 가능하지만 실천적으로는 부작위에 의한 방조범이 될 수 있을 것이다.

2) 피교사자의 실행행위

교사범이 되려면 교사행위는 피교사자로 하여금 범죄를 범하게 했어야 한다. '범죄를 범한다'는 것은 첫째, 피교사자가 범행을 결의하고 실행에 착수하여, 둘째, 범죄를 완성(기수)하거나 적어도 가벌적인 미수의 단계에 이른 것을 의미한다.

교사행위에 따라 피교사자가 범행을 '결의'했어야 한다는 것은 교사범은 정범의 고의범에 대해서만 인정됨을 의미한다. '과실범에 대한(고의)교사'는 간접정범(형법 제34조제1항)이 될 뿐이고, 과실범에 대한 과실교사는 과실범으로만 성립할 수 있기 때문이다. 또한 범죄의 완성은 정범의 실행행위가 모든 불법요소를 실현하는 것을 가리킨다.

예컨대 신분범이나 목적범에서 신분 또는 목적이 정범에게 있어야 하며, 실현된 결과도 정범의 실행행위에 객관적으로 귀속가능한 것이어야 한다.

3) 교사와 범죄 사이의 귀속연관성

한 사람이 특정한 교사의 기획 아래 교사행위를 하고 그에 따라 피교사자가 범행을 결의하고 가벌적인 불법실현에 이르면 그 불법은 교사자의 교사행위에 원칙적으로 귀속될 수 있다. 그러나 교사행위가 정범의 불법실현에 대해 '규정적인 역할'을 하지 못한 경우에 그 불법은 예외적으로 교사자에게 차용(귀속)될 수 없다. 그런 예외적인 경우로는 특히 교사의 교사와 교사의 착오가 문제된다.

① 교사의 교사

교사를 받은 사람은 직접 범죄를 실현하지 않고 다른 사람을 교사하여 범죄를 범할 수도 있다. 그렇게 되면 처음의 교사자는 교사를 교사한 셈이 된다. 이런 "교사의 교사'는 간접교사와 연쇄교사로 나눌 수 있다.

'간접교사'는 교사자가 타인에게 처음부터 또 다른 타인을 교사하여 범죄를 실현하게 하도록 교사하는 경우이고, '연쇄교사'는 교사자가 의도한 바는 아니지만 교사가 여러 사람을 거쳐 순차적으로 계속되는 경우이다. 예컨대, 갑은 을에게 여권을 마련해달라고 부탁했다. 을은 부인 병에게 시켰고, 병은 공무원 정에게 부탁했으며, 정은 또 다른 사람들의 도움을 받아 여권을 갑에게 발급해주었다. 갑은 을이 누구의 도움을 받아 자신에게 여권을 발급받게 해주었는지 몰랐다. 이 경우, 갑의 교사는 허위공문서작성죄에 관해서는 연쇄교사에 해당될 수 있다. 하지만 만일 갑이 비공무원인 을에게 교사하고, 을이 공무원에게 뇌물을 줌으로써 여권을 발급받게 해줄 것이라는 점을 인식하고 부탁을 하였다면, 갑의 행위는 증뢰죄(뇌물죄로서 금품을 주는 행위에 해당하는 죄)의 간접교사에 해당한다.

② 교사의 착오

교사가 효과는 있었지만 교사가 규정지은 범죄와 일치하지 않은 범죄가 실현된 경우에 그 범죄를 교사자에게 귀속시킬 수 있는지 여부 그리고 그 범위가 문제된다. 이 문제를 교사의 착오라고 표현하기도 한다.

(3) 교사범의 처벌

1) 정범과 동일하거나 무거운 형벌

교사범은 정범과 동일한 형으로 처벌한다(형법 제31조제1항). 여기서 동일한 형은 법정형을 말할 뿐이다. 게다가 자기의 지휘·감독을 받는 자를 교사(특수교사)한 때에는 정범에 정한 형의 장기 또는 다액의 2분의 1까지 가중한다(형법 제34조제2항).

① 과잉금지원칙

교사범은 범행지배를 하지 않은 자, 즉 범죄의 주인이라고는 볼 수 없는데도 교사범을 정범과 동일한 형으로, 심지어 2분의 1까지 가중하여 처벌하는 것은 과잉금지의 원칙에 반할 수 있다. 물론 교사범과 정범은 각자의 책임에 기초해서 각기 다른 선고형을 선고받을 수 있다.

② 교사범과 신분범

비신분자가 진정신분범의 범죄를 교사한 때에는 형법 제33조 본문을 적용하여 그 신분범의 교사범이 되고, 반대로 신분자가 비신분자에게 그런 범죄를 교사한 때에는 그 신분범의 간접정범(형법 제34조제1항)이 될 수 있을 뿐이다. 비신분자가, 신분이 형의 가감요소인 부진정신분범(예 존속살인)의 범죄를 교사한 때에는 제33조 단서를 적용하여 가감되기 이전의 범죄(예 보통살인)의 교사범이 된다.

2) 교사의 미수

정범이 교사한 범죄를 완성하지 못하고 미수에 그친 경우에는 교사범도 미수범 처벌규정이 있는 경우에 한하여 정범과 마찬가지로 미수범의 책임을 질 뿐이다. 형법 제31조제1항은 정범이 미수에 그친 경우에 교사범도 (교사)미수범으로 처벌하는 의미를 포함한다.

베테랑

액션, 드라마/ 한국/ 123분/ 2015.8.5. 개봉

감독 류승완

출연 황정민(서도철), 유아인(조태오), 유해진(최상무), 오달수(오팀장),
장윤주(미스봉), 정웅인(배철웅)

15세관람가

Veteran, 2015

"우리가 돈이 없지, 가오가 없냐"

한 번 꽂힌 것은 무조건 끝을 보는 행동파 '서도철'(황정민), 20년 경력의 승부사 '오팀장'(오달수), 위장 전문 홍일점 '미스봉'(장윤주), 육체파 '왕형사'(오대환), 막내 '윤형사'(김시후)까지 겁 없고, 못 잡는 것 없고, 봐 주는 것 없는 특수 강력사건 담당 광역수사대.

베테랑

평소 서도철(황정민)과 친하게 지내던 트럭 운전사인 배철웅(정웅인)은 노조에 가입했다는 이유로 밀린 임금도 못 받고 일방적으로 계약해지를 당하게 된다. 그는 억울함에 자기를 고용한 회사 본사 앞에서 1인 시위를 벌인다. 그 모습을 본 조태오(유아인)는 시끄럽게 만들지 말고 자신의 사무실로 올려보내라고 한다.

조태오는 사무실로 아들과 함께 온 배철웅에게 글러브를 쥐여주며 조폭 출신 소장과 1:1 싸움을 시킨다. 초주검이 되도록 두들겨 맞은 배철웅은 밀린 임금과 함께 아이 과잣값이라며 돈을 건네받는다.

　　아이가 보는 앞에서 끔찍한 꼴을 당한 배철웅은 건물 안에서 투신을 하여
다쳐서 병원에 입원하게 되고, 배철웅의 아이는 아버지의 주머니에 있던 명함
에 적힌 서도철 형사(황정민)에게 전화를 건다. 아이의 증언이 현장 상황과 다
르다는 것을 알게 된 서 형사는 뭔가 이상한 낌새를 차리고 수사에 착수하려
고 하자 재빠르게 조태오(유아인)의 오른팔인 최상무(유해진)가 경찰 윗선에 선
을 대서 사건의 수사 전체를 막아버리고 서 형사의 아내를 찾아가 돈다발이
가득 담긴 가방을 건넨다. 그러나 그 아내는 돈다발을 가볍게 무시해버린다.

　　"맨날 이렇게 돈으로 사람 휘두르는 거 식상하지 않아요?"

열이 받은 서 형사의 아내는 경찰서로 찾아가 신진물산에서 가방에 돈다발을 들고 찾아왔다는 이야기를 하고, 그 말을 들은 서도철 형사는 외국 손님들과 식사 중인 조태오(유아인)를 찾아가 난장판을 만든다.

서 형사는 친한 기자에게 자신이 수사한 내용을 공유하며 본격적으로 수사가 시작되고 신문에 기사까지 실릴 위기에 처해지자 조태오와 최상무는 조폭출신 전 소장에게 서 형사를 제거해 달라는 위험한 계획을 세운다.

계획은 실패로 끝나게 되고, 오히려 광역수사대와 서 형사에게 수사할 빌미를 제공한 꼴이 되고 만다. 미스봉의 수사기록으로 배 기사 투신사건의 전말이 밝혀진다.

사건의 전말은 이렇다. 배 기사는 아이를 택시에 태워보내고 다시 조태오를 찾아가서 받은 돈을 집어 던지며 따지자, 이에 격분한 조태오는 배철웅을 죽도록 두들겨 팬다. 폭행을 당한 배 기사가 혼수상태에 빠지자 최상무는 투신 사건으로 꾸미게 된 것이다.

숨기려고 했던 이 사건의 전말은 끈질긴 서 형사에 의하여 드러나게 되고 결정적으로 조태오에게 맞아 다리까지 망가져버린 경호원(엄태구 분)의 진술이 크게 한몫을 하게 된다. 상황이 급박해진 조태오는 외국으로 도주할 계획을 하고 그 전날 화려하게 파티를 즐기던 중 그곳을 광역수사대와 서 형사는 급습한다. 겨우 빠져나온 조태오는 마약으로 제정신이 아닌 상태에서 광란의 질주를 시작하고 그 뒤를 오토바이를 타고 서형사가 쫓기 시작한다.

피가 터지도록 얻어맞은 서 형사는 몸을 못 가눌 정도여서 들어 누워있고... 어디선가 기다란 다리를 날라치며 상황을 종료시키는 미스 봉이 등장한다. 첫 공판에 들어간 조태오의 영상을 보며 영화는 마무리 된다.

1. 산업재해

(1) 산업재해보상제도 의의

현행 산업재해보상제도는 재해보상 책임의 위험을 가진 모든 사용자를 공공보험에 가입시키고 특정 사용자의 근로자에게 재해가 발생하면 보험사업자가 사용자를 대신하여 신속하고 확실하게 재해보상을 갈음하는 보험급여를 지급하는 제도이다. 따라서 산재보험법은 근로자의 업무상 부상·질병·장해 및 사망이라는 보험사고에 대하여 신속하게 보상함으로써 근로자와 그 가족의 생존권을 보호하고자 하는 사회보장적 의의를 지닌다.

(2) 산업재해보상보험법의 목적과 특성

1) 법의 목적

산업재해보상보험법(이하에서는 '산재보험법'이라 함)은 산업재해보상보험 사업을 시행하여 근로자의 업무상의 재해를 신속하고 공정하게 보상하며, 재해근로자의 재활 및 사회 복귀를 촉진하기 위하여 이에 필요한 보험시설을 설치·운영하고, 재해 예방과 그 밖에 근로자의 복지 증진을 위한 사업을 시행하여 근로자 보호에 이바지하는 것을 목적으로 한다. 여기서 업무상의 재해라 함은 '업무상의 사유에 따른 근로자의 부상·질병·장해 또는 사망'을 말한다.

2) 제도의 특성

산재보험은 사용자의 재해보상에 대한 대체재의 특성을 갖고 있다. 산재보험은 업무와 재해와의 인과관계에 의해 근로자가 부상·질병·장해 또는 사망에 해당하는 "업무상 재해"를 보호대상으로 하고 있다. 업무상 재해는 근로조건의 기준에 대하여 헌법 제32조제3항은 인간의 존엄성을 보장하도록 법률로 정한다고 규정하여 근로조건의 기준을 직접적으로 규정하지 않고 법률에 유보하고 있다. 헌법재판소는 산재보험수급권을 헌법 제32조제3항에 근거한 근로조건의 하나로 볼 수 있다고 결정하였고, 대법원은 산재보험 급여를 근로기준법의 재해보상과 동일한 성질의 급부로 판시하고 있다.

(3) 산업재해보상보험의 법적 성격

1) 헌법적 기초

산재보험제도는 헌법 제10조의 인간의 존엄과 가치를 보장하려는 헌법상의 요청을 실현하고자, 헌법 제32조제3항에 근거하여 인간의 존엄성을 보장하도록 최소한의 근로조건을 제시한 근로기준법 제8장의 재해보상을 대체하는 보호장치로 작용하면서, 한편으로는 헌법 제34조제1항·제2항을 근거로 인간다운 생활을 영위할 수 있는 사회보장적 성격도 지닌 것으로 보인다.

2) 산재보험법의 근거로서 사회보장권

산재보험법은 사회보험제도이므로 사회보장제도의 하나이다. 즉 헌법재판소는 "산재보험제도는 보험가입자(사업주)가 납부하는 보험료와 국고부담을 재원으로 하여 근로자에게 발생하는 업무상 재해라는 사회적 위험을 보험방식에 의하여 대처하는 사회보험제도이므로 이 제도에 따른 산재보험수급권은 사회보장수급권의 하나에 속한다(헌재 2009. 5. 28. 2005헌바20)"고 한다. 한편 산업재해보상보험법상의 보험급여가 보험사고로 초래되는 가입자의 재산상의 부담을 전보하여 주는 경제적 유용성을 가진다는 점에서 산재보험수급권은 재산권의 성질을 가지므로 산재보험법은 사회보험제도라고 볼 수 있다. 아울러 헌법재판소는 산재보험법을 책임보상보험제도로 보고도 있다.

3) 업무상 재해의 인정기준

산업재해보상보험의 급여는 근로자의 부상이나 질병이 업무상 재해에 해당되어야 지급된다. 업무상 재해를 "업무상의 사유에 따른 근로자의 부상·질병·장해 또는 사망을 말한다(산재보험법 제5조제1호)"라고 규정하여 통상의 경우에 있어서 업무수행성이 인정되면 업무기인성도 추정된다고 보는 것이 현재의 통설이며 판례의 입장이다.

(4) 관련판례

1) 최고보상기준금액(헌법재판소 2004. 9. 23. 선고 2003헌마231,312 결정)
가) 사실관계

청구인은 주식회사 ○○신문사의 논설위원으로 근무하던 중 1990. 12. 5. 뇌출혈로 인한 업무상 재해를 입어 1991년경 장해등급 제3급 판정을 받은 후, 1995. 12. 1.부터 근로복지공단으로부터 장해보상연금을 지급받아왔다. 그런데 산업재해보상보험법 제38조제6항에 따라 2000. 6. 27. 개정된 산업재해보상보험법시행령 제26조의2는 위 법조항이 정하는 최고보상기준금액의 산정방법을 정하고 있는바, 노동부장관은 2002. 8. 29.자 고시 제2002-20호로 최고보상기준금액을 1일 133,070원으로 고시하였다. 이에 위 공단은 청구인의 2003년 1월분 장해보상연금을 산정하면서 위 최고보상기준금액 1일 133,070원을 기준으로 하여 종전의 평균임금을 기준으로 할 때보다 크게 감액된 2,849,910원을 보험급여로 산정하고 이를 청구인에게 지급하였다. 이에 청구인은 위 법 제38조제6항, 같은 법 부칙 제

1조, 제7조, 산업재해보상보험법시행령 제26조의2 및 노동부장관의 2002. 8. 29.자 고시 제2002-20호에 의하여 청구인의 재산권과 평등권 및 인간다운 생활을 할 권리 등의 기본권을 침해당하였다고 주장하며 2003. 3. 25. 그 위헌확인을 구하는 이 사건 헌법소원심판을 청구하였다.

나) 심판대상

산업재해보상보험법(1999. 12. 31. 법률 제6100호로 개정된 것) 제38조제6항, 동법 부칙 제7조가 심판대상이다.

다) 판시요지

① 산업재해보상보험급여의 산정에 있어서 당해 근로자의 평균임금이 매년 노동부장관이 고시하는 최고보상기준금액을 초과하는 경우에는 그 최고보상기준금액을 당해 근로자의 평균임금으로 하여 보험급여를 산정하도록 개정된 산업재해보상보험법 제38조제6항(이하 '이 사건 법률조항'이라 한다)이 기본권 침해의 직접성 요건을 갖추고 있는지 여부(소극)

② 위 개정법 시행일인 2000. 7. 1. 이전에 업무상 재해를 입은 자의 경우에는 2002. 12. 31.까지 종전의 규정에 의하여 보험급여를 산정하도록 한 동법 부칙 제7조(이하 '이 사건 부칙조항'이라 한다)

2) 산재보험수급권 등(헌법재판소 2004. 11. 25. 선고 2002헌바52 결정)

가) 심판대상

산업재해보상보험법(1999. 12. 31. 법률 제6100호로 개정된 것) 제38조제6항이 심판대상이다.

나) 판시요지

① 산재보험수급권의 법적 성격

산재보험제도는 보험가입자(사업주)가 납부하는 보험료와 국고부담을 재원으로 하여 근로자에게 발생하는 업무상 재해라는 사회적 위험을 보험방식에 의하여 대처하는 사회보험제도이므로 이 제도에 따른 산재보험수급권은 사회보장수급권의 하나에 속한다. 한편 산업재해 보상보험법상의 보험급여가 보험사고로 초래되는 가입자의 재산상의 부담을 전보하여 주는 경제적 유용성을 가진다(산재보험은 보험급여의 지급에 대응하여 사용자의 보상책임을 면제한다)는 점에서 산재보험수급 권은, 적어도 이 사건에서와 같이 수급권자의 보험급여를 받을 권리 를 대위하여 보험급여의 지급을 구한 청구인에게 있어서는 재산권의 성질을 갖는다고 보아야 할 것이다.

② 재해근로자의 평균임금이 높은 경우 보험급여를 제한하기 위하여 최고보상기준금액을 규정한 산업재해보상보험법 제38조제6항과 장의비의 최고금액을 규정한 제45조가 재산권을 침해하는지 여부 (소극)

③ 이 사건 법률조항이 평등원칙에 위반되는지 여부(소극)

고임금 근로자를 고용한 경우 사업주가 보다 높은 보험료를 납부 한다고 하더라도 이는 한정된 재원으로 보다 많은 재해근로자와 그 유족들에게 적정한 사회보장적 급여를 실시하고 재해근로자 사이에 보험급여의 형평성을 제고하며 소득재분배의 기능을 수행하기 위한 것으로서 최고보상제도를 도입한 입법자의 결정에는 나름대로 합법 적인 이유가 있다고 할 것이므로 이 사건 법률조항은 평등원칙에 위 반되지 않는다.

④ 이 사건 법률조항이 포괄위임금지원칙에 위반되는지 여부(소극)

이 사건 법률조항은 보험급부를 하는 것을 규율영역으로 삼고 있 으므로 위임입법으로서 갖추어야 할 구체성, 명확성의 요구는 완화될 수 있다. 저소득근로자와 고소득근로자 사이에 보험급여의 현격한 차 이를 줄임으로써 보험급여수준의 형평성을 제고하고 소득재분배기능 을 높이기 위한다는 이 사건 법률조항의 입법목적에 비추어보아, 최 고보상기준금액은 전체근로자의 임금수준, 고임금 근로자의 분포, 임금상승률, 산재보험의 수지현황, 산재보험기금의 상황, 국가의 재정 부담능력 등을 기준으로 정하여질 것과 장의비의 경우에는 산업재해보상보험법 제45조 제1항을 그 입법목적과 함께 고려해 볼 때에 종전에 지급한 1인당 장의비의 평균치와 최고보상기준금액 등을 기준으로 정하여질 것임은 쉽사리 예측할 수 있으므로 이 사건 법률조항은 포괄위임금지원칙에 위반되지 않는다.

2. 상해와 폭행

(1) 상해죄

사람의 신체를 상해한 자는 7년 이하의 징역, 10년 이하의 자격정지 또는 1천만 원 이하의 벌금에 처한다(형법 제257조제1항).

1) 의 의

사람의 신체를 침해함으로써 성립하는 범죄이다.

2) 상해죄의 보호법익

상해죄의 보호법익은 '신체의 건강'으로, 상해란 생리적 기능의 장해 내지 건강상태의 불량한 훼손 즉, 육체적 · 정신적인 병적 상태의 야기 · 증가를 의미한다.

판례에 따르면, 실신과 상해 여부(생리적 기능 훼손설이 판례의 기본적 입장임)에 대하여, 오랜 시간 동안의 협박과 폭행을 이기지 못하고 실신하여 범인들이 불러온 구급차 안에서야 정신을 차리게 되었다면, 외부적으로 어떤 상처도 발생하지 않았다 하더라도 생리적 기능에 훼손을 입어 신체에 대한 상해가 있었다고 봄이 상당하므로 이는 상해에 해당하며 협박이나 폭행은 상해죄에 흡수된다(대판 1996.12.10. 96도2529).

3) 상해죄의 구성요건

① 객 체: 자연인인 타인의 신체이다

자상(自傷)은 구성요건해당성이 없다. 그러나 타인의 강요·기망에 의한 자상은 상해죄의 간접정범이 성립한다. 즉 협박에 의한 자상은 상해죄의 간접정범이 된다.

또한 태아가 상해죄의 객체가 되느냐와 관련하여 임신 중의 태아에게 약물 등의 영향력을 가해 기형아를 출산한 경우 태아에 대한 상해죄는 부정되는 바, 태아는 본죄의 객체가 될 수 없다. 나아가서 태아는 모체의 일부가 아니므로 상해를 입은 태아의 출산이 모친의 상해로는 되지 않으므로 모친에 대한 상해죄도 부정된다.

② 행 위

상해란 신체의 건강(생리적 기능)을 해하는 행위를 말한다. 상해의 수단·방법에는 제한이 없으며 유형·무형, 직접·간접, 작위·부작위를 불문한다. 예를 들면 성병감염, 수면장애, 식욕감퇴, 피로권태, 실신상태, 보행불가능, 처녀막 파열 등은 '상해'에 해당할 수 있고, 수염·모발·손톱의 절단, 부녀의 임신, 일시적 인사불성 등은 '폭행'에 해당하며, AIDS에 감염시키는 것은 중상해에 해당하며, 모발절단은 폭행죄이나, 모근까지 뽑는 경우에는 상해죄도 성립될 수 있다.

예를 들면, 甲 여배우는 乙 여배우가 모발에 매력이 있다는 것으로 인기절정에 달한 것을 시기하여 乙 여배우의 모발의 일부를 가위로 잘라 그 외관을 변경시켰다. 甲은 폭행죄에 해당한다.

③ 고 의

상해의 고의가 있어야 한다. 따라서 상해의 고의 없이 폭행의 고의로 상해의 결과가 발생한 때에는 폭행치상죄가 성립하며, 상해의 고의로 상해를 가했는데 폭행의 결과가 발생한 때는 상해미수죄가 성립한다.

④ 상해죄의 위법성

상해에 대한 피해자의 승낙은 사회상규에 반하지 않는 경우에만 위법성이 조각된다. 스포츠에 의한 상해, 자동차동승자의 사고에 의한 상해의 경우는 위법성이 조각되나, 채무를 변제받기 위하여 채권자가 채무자의 신체를 상해하는 것과 병역기피를 위한 자상 등은 사회상규에 반하는 행위로서 위법하다.

의사의 치료행위는 업무로 인한 정당행위로서 위법성이 조각된다. 의사의 치료유사행위(예: 검사나 진단 목적 채혈, 성형수술, 헌혈, 장기적출, 안구이식, 불임수술 등) 등은 피해자의 승낙 또는 추정적 승낙에 의한 행위로서 위법성이 조각된다.

징계행위는 주관적으로 교육의 목적, 객관적으로 징계목적 달성에 필요한 정도에 한하여 위법성이 조각된다. 그러나 징계권의 행사로 사람의 신체를 상해하는 것은 징계권의 범위를 넘었다고 보아야 하기 때문에 원칙적으로 위법성을 조각한다고 보기 어렵다.

⑤ 상해죄의 동시범 특례규정(형법 제263조)

독립행위가 경합하여 상해의 결과를 발생하게 한 경우에 있어서 원인된 행위가 판명되지 아니한 때에는 공동정범의 예에 의한다(형법 제263조).

형법 제263조는 2인 이상이 동일인에게 상해를 가한 경우에 누구의 행위에 의하여 상해의 결과가 발생하였는가를 입증하기 곤란한 경우에 입증의 곤란을 구제하기 위하여 거증책임을 피고인에게 지운 것이라고 하는 것이 본 규정의 취지이다(거증책임전환규정설).

또한 적용요건으로는 첫째, 의사연락 없는 독립행위가 경합된 경우이다. 이시(異時)의 독립행위가 경합한 경우에도 본조의 적용이 있다. 둘째, 상해의 결과가 발생하여야 한다. 상해의 결과는 상해행위에 의한 것이든 폭행에 의한 것이든 불문하므로 폭행치상에도 특례는 적용된다. 셋째, 원인된 행위가 판명되지 않아야 한다. 원인된 행위가 판명된 경우에는 각자가 자기의 행위로 인한 결과에 대하여만 책임을 지기 때문이다. 따라서 피고인은 상해의 결과가 자기의 행위로 인한 것이 아니라는 것을 입증하지 못하면 상해의 기수의 공동정범으로 처벌받는다.

특례의 적용범위: 동시범의 고의는 상해이거나 폭행이어야 하므로 상해죄와 폭행치상죄 그리고 상해치사·폭행치사죄에 적용된다. 그러나 보호법익을 달리하는 강간치상·강도치상에는 적용이 없다.

(2) 존속상해죄

자기 또는 배우자의 직계존속에 대하여 상해의 죄를 범한 때에는 2년 이상의 유기징역에 처한다(형법 제258조제3항).

1) 의 의

자기 또는 배우자의 직계존속에 대하여 상해의 죄를 범함으로써 성립하는 범죄이다.

2) 성 격

신분으로 형이 가중되는 부진정신분범이다.

3) 객 체

자기 또는 배우자의 직계존속

(3) 중상해, 존속중상해

신체의 상해로 인하여 불구 또는 불치나 난치의 질병에 이르게 한 자도 전항의 형과 같다(형법 제258조제2항). 자기 또는 배우자의 직계존속에 대하여 전항의 죄를 범한 때에는 2년 이상의 유기징역에 처한다(형법 제258조제3항).

1) 의 의

신체의 상해로 인하여 불구 또는 불치나 난치의 질병에 이르게 하거나, 자기 또는 배우자의 직계존속에 대하여 이와 같은 죄를 범함으로써 성립하는 범죄이다.

2) 성 격

중한 결과의 발생이 과실에 의한 경우뿐만 아니라 고의에 의한 경우도 포함하는 부진정결과적 가중범이며 구체적 위험범에 해당한다.

3) 구성요건

가) 객관적 표지

① 생명에 대한 위험발생

치명상 등과 같은 생명에 대한 구체적 위험발생을 말한다.

② 불 구

'불구'란 신체의 중요부분의 상실로서 객관적 기능을 기준으로 판단하며, 신체내부의 장기상실은 포함되지 않는다. 발음기능 및 성교능력 상실, 실명, 손·발·코·혀의 절단, 청력의 상실 등이 불구의 예라 할 수 있다. 그러나 치아의 탈락, 새끼손가락의 절단은 불구라 할 수 없다.

③ 불치 또는 난치의 질병

치료의 가능성이 없거나 현저히 치료가 곤란한 질병으로서 AIDS 감염·정신병유발·기억상실증·척추장애 등이 이에 속한다.

나) 고 의

기본범죄인 상해에 대한 고의와 중한 결과인 중상해에 대한 고의도 있어야 한다(부진정결과적 가중범).

4) 위법성

가) 정당방위, 긴급피난으로 인한 위법성조각가능

나) 승낙을 얻어 안구나 장기이식을 하거나 신체의 중요부분을 절단하는 경우는 피해자의 승낙에 의한 행위로 위법성이 조각된다.

5) 관련문제

가) 본죄에는 미수범 처벌규정이 없다. 중상해에 대한 고의가 있는 경우에는 별도의 미수범규정을 두는 것이 타당하다.

나) 폭행의 고의로 중상해 결과를 초래한 경우: 폭행치상죄가 성립하나 그 처벌에 있어서는 폭행치상을 상해 또는 중상해의 예에 따라 처벌하도록 규정하고 있으므로 본죄에 따라 처벌한다.

(4) 상습상해죄

상습으로 제257조(단순상해, 존속상해), 제258조(중상해, 존속중상해)의 죄를 범한 때에는 그 죄에 정한 형의 1/2 까지 가중한다.

1) 상습상해죄의 성격

일종의 신분인 상습성으로 인하여 형이 가중되는 부진정신분범이다.

2) 상습성의 의미

같은 행위를 반복하는 행위자의 습벽, 단 한 번의 행위라도 행위자의 습벽에 의한 것이라고 판단되면 상습성이 인정된다.

3) 누범과의 구분
가) 누범의 정의

금고 이상의 형을 받아 그 집행을 종료하거나 면제받은 후 3년 이내에 금고 이상에 해당되는 죄를 범한 자를 말한다(제35조제1항).

나) 상습범이자 누범인 경우에는 각칙 본조에 의한 상습가중을 한 후 누범가중을 하게 된다.

4) 상습상해죄의 처벌

본죄는 폭력행위 등 처벌에 관한 법률에 의하여 3년 이상의 유기 징역에 처하며 집단적 상습범인 경우 무기, 7년 이상의 징역에 처한 다(폭력행위 등 처벌에 관한 법률 제2조 이하 참조).

(5) 폭행죄

사람의 신체에 대하여 폭행을 가한 자는 2년 이하의 징역, 500만 원 이하의 벌금, 구류 또는 과료에 처한다(형법 제260조제1항). 본죄는 피 해자의 명시한 의사에 반하여 공소를 제기할 수 없다(형법 제260조제3항).

1) 의 의

사람의 신체에 대하여 폭행을 가함으로써 성립하는 범죄이다.

2) 폭행죄의 보호법익: 신체의 건재

폭행의 개념에 관하여 다양한 개념이 있지만, 형벌에 따라 범위가 각각 다르게 해석된다. 예를 들면 내란죄(형법 제87조)에서 폭행은 가장 넓게 해석되지만, 강도죄(형법 제333조)나 강간죄(형법 제237조)에서는 폭행 은 상대적으로 가장 좁게 해석된다.

3) 폭행죄의 구성요건

가) 행위 객체: 모든 자연인의 신체

나) 행위(폭행)

폭행은 사람의 신체에 대한 유형력의 행사를 의미한다. 본죄는 형 식범이므로 유형력 행사가 있으면 바로 기수가 된다.

다) 고 의

타인의 신체에 대하여 유형력을 행사한다는 사실에 대한 인식과 의사를 말한다. 상해의 고의로 폭행의 결과가 발생하는 경우, 상해미수죄 그리고 폭행의 고의로 상해의 결과가 발생하는 경우 폭행치상죄가 된다.

※ 사례

사례 1　　뺨을 때리고, 침을 뱉고, 심한 소음·음향을 내고, 야간에 계속 전화를 걸고, 심한 욕설·고함을 지르고, 모발이나 수염을 자르고, 옷을 잡아당기거나 밀고, 담배연기를 얼굴에 내뿜고, 때릴 기세를 보이며 폭언을 수차 반복하고, 화학적(빛·열·냄새)·생리적 작용(마취 또는 최면을 거는 것) 등이 폭행에 해당한다. 단, 비닐봉지에 담긴 인분을 타인의 집 안 마당에 던지거나 방문을 발로 차는 것은 협의의 폭행에는 해당하지 않지만 광의의 폭행에는 해당한다. 따라서 파출소 문을 차는 경우와 파출소 마당 안에 인분을 던지는 것은 공무집행방해죄가 성립한다(대판 1981.3.24. 81도 32).

사례 2　　甲은 장난으로 큰 소리를 질렀고 이에 乙이 실신하자 乙을 병원에 입원시킨 후 병실 아래 떨어져 있는 乙의 지갑을 가지고 달아났다. 甲은 폭행치상죄와 절도죄의 경합범에 해당한다.

사례 3　　甲은 자신을 근거 없이 비방하는 乙에게 따끔한 맛을 보여 주기고 결심하였다. 그래서 乙이 출근하는 날 아침 많은 사람들이 지나 다니는 길에서 乙의 면상을 향하여 빨간색 페인트를 집어넣은 달걀을 던져 명중시켰다. 甲은 폭행죄에 해당한다.

사례 4　　서 있는 사람의 의복만 스쳐간 돌팔매질뿐만 아니라 경미한 고통을 주는 데 그친 구타도 폭행죄의 폭행이다.

사례 5　　甲은 가정주부 乙의 집 전화번호를 우연히 알게 되어 늦은 밤시간마다 장난으로 乙에게 전화를 걸어 폭언 등을 계속해서 이에 시달린 나머지 乙이 그만 신경쇠약증세를 보이게 되었다. 甲의 죄책은 폭행치상죄이다.

4) 폭행죄의 위법성

징계권자의 징계행위, 기타 폭행은 기타 사회상규에 위배되지 아니하는 행위로 위법성이 조각될 수 있다. 또한 정당방위, 긴급피난, 피해자의 승낙에 의한 행위에 의해서도 위법성조각이 될 수 있다. 그리고 지휘관의 기합에 수반되는 약간의 폭행은 사회상규에 반하지 않는 한 위법성이 조각된다.

5) 본죄는 반의사불벌죄이나 야간 또는 2인 이상 공동폭행이나 폭행으로 2회 이상 징역형을 받은 자가 다시 폭행한 경우에는 반의사불벌규정이 제외된다(폭력행위 등 처벌에 관한 법률).

6) 죄수 및 타죄와의 관계

폭행할 것을 고지한 후 동일 기회에 고지한 대로 폭행한 경우에는 협박죄는 폭행죄에 흡수된다. 그리고 살인을 고지한 후에 폭행한 때는 폭행죄와 협박죄의 경합범이 성립한다. 그 밖에 폭행이 다른 범죄의 수단으로 사용된 경우에는 폭행은 불가벌적 수반행위로서 공무집행방해죄나 살인죄나 상해죄에 흡수된다.

(6) 특수폭행죄

단체 또는 다중의 위력을 보이거나 위험한 물건을 휴대하여 형법 제260조제1항 또는 제2항의 죄를 범한 때에는 5년 이하의 징역 또는 1천만 원 이하의 벌금에 처한다(형법 제261조).

1) 의 의

단체 또는 다중의 위력을 보이거나 위험한 물건을 휴대하여 폭행 또는 존속폭행의 죄를 범함으로써 성립하는 범죄이다.

2) 성 격

행위방법의 위험성 때문에 폭행죄에 대하여 불법이 가중되는 가중적 구성요건이다. 특별법인 폭력행위 등 처벌에 관한 법률 제3조가 우선적으로 적용된다.

3) 특수폭행죄의 구성요건

가) 단체 또는 다중의 위력을 보이는 경우

① **단 체**: 공동목적을 가진 특정 다수인의 계속적이고 조직적인 결합를 말한다.

② **다 중**: 단체를 이루지 못한 다수인의 단순한 집합을 말한다. 다중은 그 수에 의하여 결정할 것이 아니라 구체적인 경우에 따라 집단적 세력을 배경으로 한 것이면 불과 5명이라도 다중에 해당한다.

③ **위 력**: 사람의 의사를 제압함에 족한 유형, 무형의 세력을 말한다.

나) 위험한 물건의 휴대

대법원 판례에 따르면, 폭력행위 등 처벌에 관한 법률 제1조(구 제3조제1항)의 '위험한 물건의 휴대'란

i) 피고인이 주유소에서 유류대금을 내지 않고 도망하려 하자 주유소직원이 피해자의 자동차 창문을 잡고 정차를 요구했으나 피해자를 매단 채 약 30m 진행하다 넘어뜨려 상해를 입힌 사안에서, 판례는 "'위험한 물건'이란 널리 사람의 생명·신체에 해를 가하는데 사용할 수 있는 일체의 물건을 포함하고 한편 '휴대하여'란 말은 소지뿐만 아

니라 널리 이용한다는 뜻도 포함한다"고 하여 특수폭행죄를 인정했다 (대판 1998.5.29, 98도1086).

ii) 도주하려는 운전자를 저지하기 위해 승용차의 본네트 위에 올라타고 있는 경찰을 뿌리치기 위해 급히 핸들을 꺾어 경찰관을 떨어뜨려 상해를 입힌 사안에서도 승용차를 위험한 물건으로, 자동차의 운전을 휴대로 보아 특수공무방해치상죄(상해죄와 상상적 경합)를 인정했다(대판 1984.10.23, 84도2001).

iii) 견인료납부를 요구하며 피고인의 승용차 앞을 가로막는 피해자를 승용차 앞범퍼로 들이받은 사안에서도 위험한 물건을 휴대한 폭행으로 보았다(대판 1997.5.30, 97도597).

iv) 의자와 당구큐대를 사용하여 피해자를 폭행한 것은 '위험한 물건'을 휴대한 폭행에 해당한다(대판 1997.2.25, 96도3346).

① 범행에 사용할 의도로 소지하거나 몸에 지니는 것을 말한다. 범행 이전에 지닐 필요는 없고 범행현장에서 소지해도 가능하다. 맹견을 휘파람으로 불러 사주하는 행위나 자동차로 피해자를 몰아붙이는 행위도 휴대에 해당한다.

② 휴대하였다는 것을 상대방에게 인식시킬 필요는 없다. 즉 피고인이 범행 현장에서 과도를 호주머니 속에 일부러 지니고 있었던 때는 피해자가 그 사실을 인식하지 못하였더라도 위험한 물건을 휴대한 경우에 해당한다.

다) 고 의

폭행에 대한 고의 이외에 단체 또는 다중의 위력을 보이거나 흉기를 휴대한다는 사실에 대한 고의도 존재하여야 한다.

써니

가장 찬란한 순간,
우리는 하나였다

〈과속스캔들〉 강형철 감독의 칠공주 프로젝트

써니
SUNNY

2011년 5월 COMING SOON

코미디 드라마/한국/124분/2011.7.28. 재개봉, 2011.5.4. 개봉
감독 강형철
출연 유호정(나미), 심은경(어린 나미), 강소라(어린 춘화), 이연경(금옥) 등
15세관람가

Sunny, 2011

찬란하게 빛나는 학창시절을 함께한 칠공주 '써니'가 25년 만에 다시 모여 생애 최고의 순간을 되찾는 과정과 학창시절의 추억을 함께 그린 영화이다.

행복한 가정, 딸 하나에 일 잘하는 남편으로 부러울 것 없는 나미는 뭔가 1퍼센트 부족한 생활을 한다. 그러던 중 어머니 병문안을 가게 되고, 그 병원에서 고등학교 친구 춘화를 만나게 된다. "너 보니까 보고 싶다. 써니." 춘화가 살 날이 얼마 남지 않았다는 걸 알게 된 나미는 예전 '써니'였던 친구들을 모으게 된다. 이 영화는 현재와 과거를 오가는 형식으로 구성되어 있다.

줄거리

써니

어느덧 어른이 되어버린 주인공들은 각자 삶을 살고 있던 중 과거 추억 속으로 간다. 바로 학창시절 칠공주들의 모임인 '써니'의 리더였던 의리짱 춘화(진희경 분)가 암으로 죽어간다는 사실을 나미(유호정 분)가 알게 되면서부터 영화는 시작된다.

　나미(어린 나미 역: 심은경 분)는 전라도 벌교에서 진덕여고로 전학을 오게 되고, 긴장을 하면 사투리가 갑자기 나오기도 하여 친구들의 놀림감이 된다. 하지만 진덕여고의 의리짱인 춘화(어린 춘화 역: 강소라 분)가 나미를 도와주기 시작한다.

　써니의 멤버 중 언제나 도도하게 책을 읽는 얼음공주 수지(어린 수지 역: 민효린 분)는 처음에는 새엄마가 전라도 사람이라서 나미를 미워하지만 나미가 진심어린 마음으로 다가오자 둘도 없는 친구가 된다.

　왼쪽부터, 진덕여고 욕배틀 대표주자 진희(홍진희 분, 어린 황진희 역: 박진주 분), 써니의 리더 춘화(진희경 분, 어린 하춘화 역: 강소라 분), 미모담당 수지(윤정 분, 어린 정수지 역: 민효린 분), 못난이 쌍꺼풀 장미(고수희 분, 어린 김장미 역: 김민영 분), 전학생 주인공 나미(유호정 분, 어린 임나미 역: 심은경 분), 차기 미스코리아 복희(김선경 분, 어린 류복희 역: 김보미 분), 다혈질 금옥(이연경 분, 어린 서금옥 역: 남보라 분).

　어느 날 상대편 학교의 경쟁그룹 '소녀시대'와 욕배틀 맞짱대결을 하게 된다. 나미는 아무것도 모르고 따라갔는데 소녀시대의 리더가 나미를 의심하자 춘화는 빙의된 전학생이라고 소개한다.

그렇게 큰 활약을 한 나미는 그룹에 들어가게 되고, 이들은 이종환의 라디오프로그램에 사연을 보내어 '써니'라는 이름을 받고 무척 즐거워한다. 그들이 '써니'라는 이름을 얻고서 그들만의 춤을 만들고 우정을 나눈다.

나미는 어느 날 음악다방에서 준호 오빠(김시후 분)를 만나게 된다. 나미는 준호 앞에 서면 얼굴이 빨개지고 작은 행동에도 두근거린다. 하지만 준호가 좋아하는 사람이 자신이 아닌 수지라는 사실에 실망한다.

소녀시대와 써니 그룹은 자주 부딪치게 되는데 그 속에서 한창 시위가 벌어지고 있는 시대의 상황을 보여준다.

써니의 원조 멤버였던 불량소녀인 상미(천우희 분)는 나미와 써니 그룹에 대해 안 좋은 감정을 가지고 있다. 상미는 본드를 흡입했다는 이유로 춘화와 싸우고 써니에서 퇴출되었기 때문에 나미가 마음에 들지 않았던 것이다.

써니는 학교 축제 때 선보일 공연을 야심차게 준비하며 즐거운 한때를 보낸다. 그러나 이런 행복도 잠시뿐이 된다. 축제 당일 날, 본드를 하고 학교에 찾아 온 상미는 나미를 괴롭혔고, 그 과정에서 싸움이 벌어진다. 뒤늦게 싸움 소식을 알고 찾아온 수지는 상미가 휘두른 써니텐 병에 얼굴을 맞게 되고 잡지 모델로서 크나큰 상처를 갖게 된다. 결국 준비했던 춤은 보여주지 못하고 수지는 119 응급차에 실려 간다. 이 일로 써니 멤버들은 뿔뿔이 헤어지고 25년이 지나간다.

25년이 지난 후 나미는 잘나가는 남편과 딸을 두었지만 뭔가 부족하다 느끼는 자신의 삶에서 춘화와 다시 병원에서 만나게 되는데 춘화가 암으로 인하여 함께 할 날이 많이 남지 않았다는 것을 알고 써니의 멤버들을 찾기 시작한다.

다시 현재로 돌아온다.

　나미의 노력 덕분에 욕쟁이 진희와 쌍꺼풀 장미를 만나게 된다. 나이가 먹은 만큼 남편 욕을 시작으로 수다가 시작된다. 그러면서 나미 딸이 괴롭힘을 당한 걸 알게 되고 함께 고등학생이었던 기억을 되살려 일진들을 처치하는 장면도 나온다.

　수지의 소식을 모른 채, 춘화의 장례식은 시작됐고 춘화의 소원대로 써니는 모이게 된다. 그리고 준비했던 춤을 춘다. 춤이 끝나고 찾아온 손님을 맞는 나미 앞에 수지(윤정 분) 가 등장한다.

법률
산책

써니

영화 속에서 춘화의 변호사는 나머지 써니 멤버들에게 그녀의 진심어린 유언을 전해주는 장면이 있다. 춘화는 유언을 통해 자신의 재산을 사회에 환원하는 이외에 나머지 재산을 친구들에게 나누어 준다. 그럼 우리 법률에 '유언제도'는 어떻게 규정하고 있는가? 아울러 유언을 이행하는 경우, 상속인의 상속과 충돌할 수 있는데, 이 경우 '상속제도'는 어떻게 규정하고 있는가를 살펴보기로 한다.

1. 유언제도

(1) 유언의 개념

유언은 사람이 그가 사망한 후 법률관계 중 일정사항(법률이 정한 사항 즉, 법정사항)을 정하는 의사표시이다. 이 의사표시는 일정한 방식에 따라야 법적 효과가 발생하게 된다. 따라서 유언은 법률이 정한 방식에 의해서 의사표시를 해야 된다. 유언은 언제든지 유언자가 철회할 수 있고, 유언을 할 수 있는 나이는 만 17세이다.

(2) 유언능력

유언을 유효하게 하기 위하여는 유언자가 법적으로 유언능력이 있어야 한다. 즉, 유언자는 만 17세 이상이어야 하며, 의사능력(왜냐하면 유언은 의사표시이기 때문)을 갖추고 있어야 한다. 이러한 유언능력은 유언 당시에만 존재하면 된다. 따라서 유언 당시에 만 17세 이상이면서 의사능력이 있었으나, 그 후 의사능력을 상실하여도 유언능력이 존재하는 것이다.

(3) 유언의 방식

유언은 유언자의 진정한 의사라고 하여도 민법이 규정한 방식에 따르지 않으면 법적 효력이 발생하지 않는다. 유언의 방식에는 자필증서, 녹음, 비밀증서, 공정증서 및 구수증서가 있고, 앞의 네 가지는 보통의 방식이고, 구수증서는 질병 기타 급박한 사유로 인하여 보통의 방식에 의할 수 없는 경우에 사용하는 방식이다.

1) 자필증서에 의한 유언

자필증서는 전문과 연월일, 주소, 성명을 자필로 쓰고 날인함으로써 성립하는 유언이다(민법 제1066조제1항).

유언의 전문은 유언자가 전문을 직접 써야 한다. 따라서 타인이 대신 쓰는 것(대필), 컴퓨터로 쓴 것, 복사한 것은 효력이 없다. 유언서의 용지나 형식에는 제한이 없다.

유언의 연월일 또한 유언자가 직접 써야 한다(대판 2009.5.14. 2009다9768). 연, 월만 기재되어도 효력이 없으며, 날짜 스탬프를 찍은 것 또한 효력이 없다. 그러나 연월일은 작성시기를 특정할 수 있으면 충분하기 때문에, 반드시 구체적 연월일을 적지 않아도 된다. 예를 들면 '회갑일' 또는 '몇세 생일'로 적어도 유효하다. 그 밖에 유언증서 본문에 또는 말미에 연월일을 적어도 되고, 두 개 이상 연월일을 적은 경우에는 최후 일자에 작성한 것으로 작성일을 해석한다.

주소와 성명도 스스로 써야 한다. 주소는 주민등록지가 아니어도 되며, 유언서의 봉투에 적어도 무관하다. 성명은 가족관계등록부상 이름을 요구하지 않고, 유언자와 동일성이 있으면 된다.

날인은 있어야 하는데, 날인은 자신이 아닌 타인이 하여도 관계없으며, 반드시 인감일 필요는 없으므로, 무인(拇印)이나 막도장이어도 가능하다.

자필증서를 변경하는 경우에는 유언자는 반드시 자신이 쓰고 날인하여야 한다(민법 제1066조제2항).

2) 녹음에 의한 유언

녹음에 의한 유언은 유언자가 유언의 취지, 그 성명과 연월일을 구술하고 이에 참여한 증인이 유언의 정확함과 그 성명을 구술함으로써 성립한다(민법 제1067조). 이 유언은 문자를 모르는 사람에겐 유용하나, 위변조가 용이한 단점이 있다. 녹음은 음향을 음반, 테이프, 필름 등에 기록하는 것이다. 피성년후견인이 녹음 유언을 할 때에는 의사가 심신회복의 상태를 구술하여 녹음하여야 한다(민법 제1063조제2항).

3) 비밀증서에 의한 유언

비밀증서에 의한 유언은 유언자가 유언의 취지와 필자의 성명을 기입한 증서를 엄봉날인하고 이를 2인 이상의 증인의 면전에서 제출하여 자기의 유언서임을 표시한 후 그 봉서 표면에 제출연월일을 기재하고 유언자와 증인이 각자 서명 또는 기명날인한 다음 일정기간 내에 확정일자를 받음으로써 성립하는 유언이다(민법 제1069조제1항). 비밀증서를 타인이 작성한 경우에는 필자의 성명을 기재하여야 하지만, 그 유언은 연월일과 주소를 기재할 필요가 없다. 그러나 엄봉은 유언자가 하여야 한다. 비밀증서 유언방식에 의한 유언봉서는 그 표면에 기재된 날로부터 5일 이내에 공증인 또는 법원서기에게 제출하여 그 봉인상에 확정일자를 받아야 한다(민법 제1069조제2항).

4) 구수증서에 의한 유언

구수증서에 의한 유언은 질병 기타 급박한 사유로 인하여 자필증서, 녹음, 공정증서, 비밀증서의 방식에 의한 유언을 할 수 없는 경우에 유언자가 2인 이상의 증인의 참여로 그 1인에게 유언의 취지를 구수하고 그 구수를 받은 자가 이를 필기, 낭독하여 유언자와 증인이 그 정확함을 승인한 후 각자 서명 또는 기명날인함으로써 성립하는 유언이다(민법 제1070조제1항). 이 유언은 보통의 유언방식이 가능한 경우에는 허용되지 않는다(대판 1999.9.3. 98다17800). 판례에 따르면 유언취지의 확인을 구하는 변호사의 질문에 고개를 끄덕이거나 '음', '어'라고 하여 말한 것만으로는 이 유언에 해당하지 않는다고 한다(대판 2006.3.9. 2005다57800).

5) 공정증서에 의한 유언

공정증서에 의한 유언은 유언자가 증인 2인이 참여한 공증인의 면전에서 유언의 취지를 구수(발표하고 진술함)하고 공증인이 이를 필기 낭독하여 유언자와 증인이 그 정확함을 승인한 후 각자 서명 또는 기명날인함으로써 성립한다(민법 제1068조). 이 유언은 가장 확실한 방법이나, 복잡하고 비용이 들며 유언내용이 누설되기 쉬운 단점이 있다. 유언자가 말을 하지 못하는 상태에서 공증인의 물음에 고개만 끄덕인 경우는 유언의 구수로 보지 않는다. 증서는 국어를 사용하여야 하나, 촉탁인의 요구가 있는 경우에는 외국어를 병기할 수 있다. 유언서의 작성 장소는 관계없다.

(4) 유언의 효력

유언의 효력은 유언자가 사망한 때부터 발생한다(민법 제1073조제1항). 유언에는 성질상 허용되지 않는 경우를 제외하고는 조건 또는 기한을 붙일 수 있다. 따라서 유언에 정지조건이 붙은 경우, 그 조건이 유언자의 사망 후에 성취된 때에는 그 조건이 성취된 때부터 효력이 발생한다. 유언에 시기가 붙은 경우에는 그 시기의 내용에 따라 기한이 도래한 때부터 유언의 효력이 발생하거나 이행청구를 할 수 있다. 해제조건이 붙은 유언은 유언자의 사망 때 유언의 효력이 발생하고, 유언자의 사망 후에 조건이 성취되면 그 유언의 효력을 잃는다. 유언자의 사망 전에 조건이 성취되면 유언은 무효이고, 조건의 불성취가 확정되면 조건 없는 유언이 된다. 그리고 유언에 종기가 붙은 경우에는 그 유언은 유언자의 사망한 때부터 효력이 생기며, 기한이 도래한 때부터 그 효력을 잃는다.

(5) 유언의 철회

유언은 사람의 최종의사를 존중하는 제도이므로 유언자가 유효하게 유언을 했어도 그 유언은 언제든지 철회할 수 있다(민법 제1108조제1항). 철회의 방식은 유언자가 유언 또는 생전행위로 유언의 전부 또는 일부를 철회할 수 있으며, 그 방식은 유언의 방식에 의하여야 하나, 철회될 유언과 같은 방식으로 할 필요는 없다. 전후의 유언이 저촉된 경우에는 그 저촉된 부분의 전 유언은 철회된 것으로 보고, 유언 후 생전행위가 유언과 저촉된 경우에는 그 저촉된 부분의 전 유언은 철회된 것으로 본다(민법 제1109조). 또한 유언자가 고의로 유언증서 또는 유증의 목적물을 파훼(파손 또는 훼손)한 때에는 그 파훼한 부분에 관한 유언은 철회한 것으로 본다(민법 제1110조).

유언이 철회되면 그 철회된 유언은 처음부터 없었던 것으로 본다.

(6) 유언과 법정상속의 관계

민법은 유산처분 방법으로 유증만을 인정할 뿐 유언상속은 인정하지 않는다. 즉, 유언으로 상속인을 지정하거나, 법정상속분을 변경하는 것은 인정되지 않는다. 상속은 법정상속만 인정된다. 따라서 민법에 규정한 법정상속은 유언자의 유증이 없거나 무효인 부분에 관하여 발생한다.

2. 상속제도

(1) 상속의 개시와 원인

상속개시는 상속에 의한 법률효과가 발생하는 것을 말하며, 상속개시의 원인은 피상속인의 사망이다. 즉, 피상속인이 사망할 때 상속이 시작된다. 여기서 '사망'에는 자연사망뿐만 아니라 실종선고(실종선고의 경우, 실종기간의 만료 때가 사망으로 보는 시점이다), 인정사망(조사담당한 관공서의 사망통보에 의하여 가족관계등록부에 사망으로 기록하는 것으로 사망으로 추정되는 제도이다), 동시사망을 포함한다.

(2) 상속인

상속인이 되기 위해서는 상속능력이 있어야 하고, 상속결격이 없어야 한다. 상속능력이란 '상속인이 될 수 있는 능력(자격)'을 말한다. 즉, 상속능력이 있기 위해서는 권리능력, 피상속인과 일정한 친족관계가 있어야 하고, 상속인은 자연인(법인은 자격 없음)이어야 한다. 태아의 경우, 상속에 관하여 이미 출생한 것으로 보기 때문에 상속능력을 갖는다(민법 제1000조제3항). 그러므로 태아는 상속능력뿐만 아니라 대습상속능력을 갖는다.

상속결격사유로는 고의로 직계존속, 피상속인, 그 배우자 또는 상속의 선순위나 동순위에 있는 자를 살해하거나 살해하려 한 경우, 고의로 직계존속, 피상속인과 그 배우자에게 상해를 가하여 사망에 이르게 한 경우, 사기 또는 강박으로 피상속인의 상속에 관한 유언을 하게 한 경우, 피상속인의 상속에 관한 유언서를 위조, 변조, 파기 또는 은닉한 경우가 있으면, 상속능력을 가지고 있어도 상속권을 상실하게 된다.

(3) 상속인의 순위

법정상속인의 순위에 관하여 제1순위는 피상속인의 직계비속, 제2순위는 피상속인의 직계존속, 제3순위는 피상속인의 형제자매, 제4순위는 4촌이내의 방계혈족이다. 피상속인의 배우자는 피상속인의 직계비속이나 직계존속과 공동상속인이 된다. 만약, 피상속인의 직계비속이나 직계존속이 없는 경우에는 배우자가 단독으로 상속권을 갖는다.

(4) 법정상속분

동순위의 상속인이 수인이 있는 경우에는 그 상속분은 균분한다. 다만, 피상속인의 배우자는 직계비속이나 직계존속과 공동상속하는 경우에는 직계비속이나 직계존속의 상속분에 5할을 가산한다. 예를 들면, 피상속인의 배우자와 아들이 있는 경우에는 배우자는 1.5, 아들은 1의 비율로 상속분이 정해진다.

3. 유류분

(1) 유류분

'유류분'이란 상속재산 가운데 상속을 받을 자가 마음대로 처리하지 못하고, 일정한 상속인을 위하여 반드시 법률상 남겨두어야 하는 일정한 부분을 말한다. 유류분권자는 피상속인의 직계비속, 직계존속. 형제자매 또는 배우자인 상속인이다(민법 제1112조). 태아 및 대습상속인도 유류분권자이다(민법 제1000조제3항 및 제1118조). 그러나 상속을 포기한 자는 유류분반환청구를 할 수 없다. 유류분은 피상속인의 직계비속과 배우자는 법정상속분의 2분의 1, 직계존속과 형제자매는 법정상속분의 3분의 1이다(민법 제1112조). 그러나 형제자매의 유류분규정은 현재 효력을 잃었다(헌재 2024. 4. 25. 선고 2020헌가4 등 결정). 유류분은 피상속의 상속개시에 있어서 가진 재산의 가액에 증여재산의 가액을 가산하고, 채무의 전액을 공제하여 산정한다(민법 제1113조제1항). 증여는 상속개시 전의 1년간에 행한 것에 한하여 유류분산정의 방식에 따라 그 가액을 산정한다(민법 제1114조 전단). 다만 당사자 쌍방이 유류분권자에게 손해를 가할 것을 알고 증여한 때에는 1년 전에 한 것도 그 가액에 산정한다(민법 제1114조 후단). 한편 공동상속인 가운데 특별수익을 한 사람이 있는 경우, 그 증여는 상속개시 1년전 것이었든지, 당사자 쌍방이 손해를 가할 것을 알고 한 것인지 관계없이 유류분산정을 위한 기초가액에 산입한다(대판 1996.9.25, 95다17885).

(2) 유류분액의 계산

(적극상속재산액+증여액−상속채무액)×(각 상속인의 유류분율)−특별수익액

* 적극상속재산액: 상속인에게 이익이 되는 물권, 채권 등의 상속재산
* 특별수익액: 상속인이 피상속인으로부터 생전에 증여받았거나, 유언으로 증여받은 재산 중 상속재산을 미리 받은 것으로 인정되는 재산

(3) 유류분반환청구권

1) 의 의

유류분반환청구권은 '유류분권리자가 피상속인의 증여 또는 유증으로 인하여 그 유류분에 부족이 발생한 경우, 그 부족한 한도에서 그 재산의 반환을 청구하는 것을 말한다(민법 제1115조제1항). 이 경우, 피상속인의 증여는 상속개시 1년 전 이내인 것이 원칙이나, 상속인에 대한 증여 또는 유류분이 침해되는 것을 알고 행한 증여는 그 기간의 제한없이 유류분반환청구권의 대상이 된다.

2) 상대방

유류분반환청구의 상대방은 자신의 유류분액을 침해하여 유증 또는 증여받은 사람이다.

3) 청구의 방법과 반환의 방법

유류분반환청구의 방법은 재판 또는 재판외의 방법으로 할 수 있으며, 재판상 방법으로 하는 경우에는 민사소송절차에 따른다.

유류분반환의 방법은 유류분청구의 경우에 증여받은 자가 여럿인 때에는 각자가 얻은 증여가액의 비례로 반환해야 한다(민법 제1115조제2항). 증여에 대하여는 유증을 반환받은 후가 아니면 수증자가 증여받은 것을 청구할 수 없다(민법 제1116조). 예를 들면, 피상속인의 상속재산을 유증받은 A(수증가액 2000만원), 사전증여받은 B(수증가액 1000만원)와 사전증여받은 C(수증가액 1000만원)의 경우, 유류분권리자가 총 2500만원의 유류분액을 침해받은 때에 반환방법에서, 먼저 A에게 2000만원 청구를 하고, 나머지 500만원을 B와 C의 수증가액에 비례하여 각각 250만원의 반환청구를 할 수 있다.

4) 소멸시효

유류분반환청구권은 유류분권리자가 상속의 개시와 반환해야 할 증여 또는 유증을 한 사실을 안 때부터 1년 이내에 하지 않으면 시효에 의하여 소멸한다. 상속이 개시된 때부터 10년이 경과된 때에도 시효에 의해 소멸한다(민법 제1117조).

내ㅇ내의
모든것

오늘 **아내**에게
카사노바를 선물했다

멜로/로맨스 코미디/한국/121분/2012.5.17. 개봉
감독 민규동
출연 임수정(연정인), 이선균(이두현), 류승룡(장성기) 등
15세관람가

All About My Wife, 2012

예쁘고 사랑스러운 외모, 완벽한 요리 실력, 때론 섹시하기까지, 남들이 보기엔 모든 것을 갖춘 최고의 여자 정인. 하지만 입만 열면 쏟아내는 불평과 독설로 인해 남편 두현에겐 결혼생활 하루하루가 죽을 맛이다. 매일 수백 번씩 이혼을 결심하지만 아내가 무서워 이혼의 '이'자도 꺼내지 못하는 소심한 남편 두현. 그런 아내와 헤어질 방법은 단 하나뿐. 그녀가 먼저 두현을 떠나게 하는 것이다.

"제발… 제 아내를 유혹해 주세요!"

내아내의 모든 것

일본에서 정인(임수정 분)과 두현(이선균 분)은 지진으로 인해서 만나게 된다. 두현은 다른 이에겐 일반적인 감정을 가지지만, 일본의 지진에 유독 겁을 먹는 정인에게 매력을 느낀다. 일본어 공부를 해야 한다며 조용조용 천천히 말을 하는 정인을 사랑스럽게 여긴다. 그렇게 두 사람은 만남이 시작되고, 연애를 하고 결혼한 7년차 부부다.

요리를 잘하는 정인은 두현이 항상 자신의 음식을 맛있게 먹어주었으면 하고, 아침에 직접 갈은 음료를 챙겨주지만(심지어 볼일을 볼 때도...), 정인은 세상 모든 일에 다 불만인 듯한 생각, 부정적인 시선으로 세상을 바라보고 하고 싶은 말은 무조건 다해야 하는 성격의 소유자다. 두현은 그런 정인의 모습에 지쳐간다.

내 아내의 모든 것

　아내가 자신을 버렸으면 하는 두현은 직장동료의 조언으로 그녀가 싫어하
는 행동을 하려 하지만 쉽지 않다. 그러던 중 두현은 일 때문에 강릉으로 가게
된다. 그렇게 그의 행복한 생활이 시작되나 했는데, 강릉집에 정인이 와 있다.

　회사 부부동반 모임에 정인을 데려오지 않으려 일부러 넘어지게 해서 다리
까지 다치게 했지만, 정인은 아픈 다리를 절뚝거리며 나타난다. 두현은 아름다
운 부인의 외모로 동료들에게는 부러움을 샀지만.... 결국 그곳에서도 정인은
사고를 친다.

집으로 가는 도중에 정인은 자살을 시도하는 옆집남자를 경찰서로 끌고온 다. 그는 전설의 카사노바 성기(류승룡 분)였다. 모든 동네 여자들의 마음을 빼앗아간, 심지어 타국에서도 그를 찾는 여자들이 매일같이 찾아오기도 한다. 두현은 그런 성기에게 정인을 꼬셔달라고 부탁을 한다. 성기는 처음엔 완강히 거절하지만 결국에는 부탁을 들어준다.

두현은 정인에 대한 정보를 얻기 위해 자신의 친구가 있는 라디오 프로그램에 참여하게 한다. 정인은 그 프로그램에서 자신이 바라보는 세상에 대해 이야기하고, 세상에 대해 삐딱한 시선을 보인다. 하지만 맞는 말만 하면서 사람의 속을 뻥 뚫리게 해주는데, 급기야 정인은 라디오 고정 게스트로 일을 하게 된다.

　　성기는 정인에 대하여 작업을 시작하지만 정인은 그런 그를 매우 이상하게
본다. 성기는 정인의 그런 모습을 보자 반드시 꾀어야겠다고 마음을 먹는다.
성기는 두현으로부터 정인에 대한 정보를 많이 얻었고, 이를 참고하여 정인을
꾀었고, 마침내 정인은 성기를 자신과 비슷한 점이 많다고 생각하면서 마음을
열어간다. 정인은 라디오 일을 좋아하게 되고, 청취자에게 인기도 끌고, 자신
의 이야기를 들어주는 성기도 만나 행복한 시간을 보낸다. 정인도 이제는 "두
현의 아내"가 아닌 한 여자로서의 삶을 시작하려 한다.

　　조금씩 변하는 아내를 보면서, 두현은 마음이 자꾸 흔들리고 정인과 성기를
미행하기도 한다. 정인은 귀엽고 섹시하고 예쁜 아내, 이제는 일까지 열심히
하는 아내, 다른 사람들에게 사랑받는 아내가 되어 간다. 또한 정인은 라디오
방송의 인기상승으로 서울에서 일을 하게 된다.

　정인에게 정말로 사랑을 느낀 성기는 정인을 가지려 열심히 노력하고, 와이프에 대한 자신의 마음을 뒤늦게 깨달은 두현은 아내를 붙잡으려 노력을 한다. 그 과정에서 정인은 두현이 카사노바를 고용했다는 사실을 알게 되고, 자신이 아무에게도 사랑받고 있지 않다면서 아파한다.

　정인은 성기에게 끌렸던 건 사실이라고 고백하고, 두현의 옆에 남으려 하지만 두현 때문에 상처를 받아 떠나기로 결심한다.

　두현과 정인은 가정법원에서 만나지만… 결국은 처음처럼 다시 잘 지내게 된다.

법률
산책

내아내의 모든 것

두현과 정인은 이혼을 위하여 가정법원에서 만나지만…… 이혼에 관하여 살펴보기로 하자.

1. 이혼의 개념

이혼이란 법률상 혼인한 남녀가 생존 중 성립된 법률상 혼인관계를 해소하는 행위를 말한다. 이혼은 사회적으로는 혼인의 본래의 목적인 부부의 영속적 공동생활관계를 파기하고 사회 기초단위인 가족의 해체를 초래하는 현상이다. 이혼은 사회와 자녀에게 심대한 영향을 주고, 법률적으로는 재산분할, 자녀양육 등의 문제를 야기한다.

2. 이혼의 종류와 내용

(1) 협의이혼

협의이혼은 법률상 혼인한 당사자가 상호 이혼합의에 이르러 일정한 법적 절차를 따라 법률상 혼인 관계를 해소하는 것을 말한다.

1) 협의이혼의 절차

첫째, 가정법원에 협의이혼의 의사확인 신청을 하고, 둘째, 이혼안내 및 이혼숙려기간(1개월)을 진행(양육해야 할 자녀가 있는 경우 3개월)하며, 셋째, 부부가 판사 앞에 출석하여 협의이혼의사를 확인하고, 넷째, 협의이혼의사 확인 후 3개월 내 행정관청에 서류로 이혼신고를 함으로써 절차가 끝난다.

2) 협의이혼의 사유

협의이혼의 사유를 별도로 법률이 정하고 있지 않으므로, 어떤 이유와 상관없이 당사자의 협의로 이혼을 결정하게 된다.

3) 협의이혼의 요건
① 실질적 요건

첫째, 협의이혼을 하려는 당사자는 의사능력이 있어서, 이혼의사 합의가 있어야 한다. 그 합의는 무조건, 부기한 부부관계를 종료시키는 것에 관한 것이어야 한다. 그러므로 피성년후견인은 부모나 성년후견인의 동의를 얻어야 한다(민법 제835조). 둘째, 이혼의사는 이혼신고서 작성시와 신고서가 수리될 때에도 존재하여야 한다. 왜냐하면, 협의이혼의사의 철회신고서가 협의이혼신고서가 수리되기 전에 제출되면 협의이혼신고서를 수리할 수 없기 때문이다(대판 1994.2.8. 93다2869).

② 형식적 요건

첫째, 협의상 이혼을 하려는 자는 가정법원이 제공하는 이혼에 관한 안내를 받아야 하고, 가정법원은 필요한 경우 당사자에게 상담에 관하여 전문적인 지식과 경험을 갖춘 전문상담인의 상담을 받을 것을 권고할 수 있다(민법 제836조의2제1항). 그러므로 전문상담인의 상담을 받는 것은 임의적 사항이다. 가정법원에 이혼의사의 확인을 신청한 당사자는 민법 제836조의2제1항의 안내를 받은 날부터 양육하여야할 자(포태 중인 자를 포함)가 있는 경우에는 3개월, 그렇지 않은 경우에는 1개월이 지난 후에 이혼의사의 확인을 받을 수 있다(민법 제836조의2제2항). 다만 가정법원은 폭력으로 인하여 당사자 일방에게 참을 수 없는 고통이 예상되는 등 이혼을 하여야 할 급박한 사정이 있는 경우에는 민법 제836조의2제2항의 기간을 단축 또는 면제할 수 있다(민법 제836조의2제3항). 둘째, 양육하여야 할 자가 있는 경우 당사자는 자(子)의 양육(양육자 결정, 양육비 부담), 자(子)의 친권자결정에 관한 협의서

또는 자의 양육책임과 자의 친권자결정에 관한 가정법원의 심판정본
을 제출하여야 한다(민법 제836조의2제4항). 또한 가정법원은 당사자가 협
의한 양육비부담에 관한 내용을 확인하는 양육비부담조서를 작성하
여야 한다. 이 경우 양육비부담조서의 효력에 대하여는「가사소송법」
제41조를 준용한다(민법 제836조의2제5항). 셋째, 가정법원의 판사는 해당
부부의 이혼의사를 확인한 후 확인서(이혼신고서가 첨부된 것)를 만들
어 부부에게 송달한다. 부부의 일방은 위 확인서등본을 교부 또는 송
달받은 날부터 3월 이내에 그 등본을 첨부하여 이혼신고를 함으로써
이혼의 효력이 발생한다(민법 제836조제1항). 협의이혼신고서는 당사자 쌍
방과 성년자인 증인 2인이 연서한 서면으로 하여야 한다(민법 제836조제2
항).

(2) 재판상 이혼

재판상 이혼은 부부의 일방이 법원에 이혼소장을 제출하여 '상대방
에게 이혼사유가 있다'고 주장하고 증명하여 법원의 판결에 따라 이
혼하는 것을 말한다.

1) 재판상 이혼의 사유
① 배우자에게 부정한 행위가 있었을 때

재판상 이혼사유로 규정한 "배우자의 부정한 행위"라 함은 간통을
포함하는 보다 넓은 개념으로서 간통에까지는 이르지 아니하나 부부
의 정조의무에 충실하지 않는 일체의 부정한 행위가 이에 포함되며,
부정한 행위인지의 여부는 구체적 사안에 따라 그 정도와 상황을 참
작하여 이를 평가하여야 한다(대판 1987.5.26. 87므5). 예를 들면, 남자가
아파트에서 런닝셔츠와 팬티만 입고, 다른 여자가 브래지어와 7부 팬
티를 입은 상태에서 발견된 경우가 그러하다. 그러나 혼인 이전 약혼
단계에서 부정한 행위를 한 것은 민법 제840조제1항의 이혼 사유에

해당되지 않는다.

② 배우자가 악의로 다른 일방을 유기한 때

배우자가 악의로 다른 일방을 유기한 때라 함은 배우자가 정당한 이유 없이 서로 동거, 부양, 협조하여야 할 부부로서의 의무를 포기하고 다른 일방을 버린 경우를 뜻한다(대판 1998.4.10. 96므1434).

③ 배우자 또는 그 직계존속(시부모, 장인, 장모)으로부터 심히 부당한 대우를 받았을 때

'배우자로부터 심히 부당한 대우를 받았을 때'라고 함은 혼인 당사자의 일방이 배우자로부터 혼인관계의 지속을 강요하는 것이 가혹하다고 여겨질 정도의 폭행이나 학대 또는 중대한 모욕을 받았을 경우를 말한다(대판 1999.2.12. 97므612).

④ 자기의 직계존속이 배우자로부터 심히 부당한 대우를 받았을 때

심히 부당한 대우는 배우자나 그 직계존속으로부터 '혼인관계의 지속을 강요하는 것이 참으로 가혹하다'고 여겨질 정도의 폭행이나 신체적, 정신적 학대 또는 명예에 대한 모욕을 받은 경우를 의미한다(대판 1986.6.24. 85므6). 자신은 물론 자신의 직계존속이 배우자로부터 부당한 대우를 받은 경우도 포함한다. 심히 부당한 대우인지 판단은 사회통념과 당사자의 신분, 지위 등을 고려하여 개별적, 구체적으로 사건에 따라 판단해야 할 것이다.

⑤ 배우자의 생사가 3년 이상 분명하지 않을 때

배우자 일방의 생존도 사망도 증명할 수 없는 상태가 3년간 지속된 경우이다. 생사불명의 원인, 이유, 과실유무, 책임소재는 불문한다. 최후의 소식이 있었던 시점이 기산점이 된다. 그리고 실종선고와는 관계가 없다.

⑥ 그 밖에 혼인을 계속하기 어려운 중대한 사유가 있을 때

'혼인을 계속하기 어려운 중대한 사유가 있을 때'라 함은 부부간의 애정과 신뢰가 바탕이 되어야 할 혼인의 본질에 상응하는 부부공동생

활관계가 회복할 수 없을 정도로 파탄되고 그 혼인생활의 계속을 강제하는 것이 일방 배우자에게 참을 수 없는 고통이 되는 경우를 말한다(대판 2000.9.5. 99므1886).

2) 재판상 이혼의 절차
① 조정이혼
가사소송법은 조정전치주의를 채택하고 있어서, 재판상 이혼을 하려는 자는 우선 가정법원에 조정신청을 해야 한다(가사소송법 제50조. 제2조제1항)(조정전치주의). 그러나 위 재판상 이혼 사건에 관하여 조정을 신청하지 아니하고 소를 제기하거나 심판을 청구한 경우에는 가정법원은 그 사건을 조정에 회부하여야 한다. 다만, 공시송달의 방법이 아니면 당사자의 어느 한쪽 또는 양쪽을 소환할 수 없거나 그 사건을 조정에 회부하더라도 조정이 성립될 수 없다고 인정하는 경우에는 그러하지 아니하다(가사소송법 제50조제2항). 조정단계에서 이혼합의가 성립되면 바로 이혼의 효력이 성립한다.

② 재판상 이혼
조정사건에 대하여 '조정을 하지 아니하기로 하는 결정(민사조정법 제26조)'이 내려지거나 '조정이 성립되지 아니한 것(조정불성립)으로 종결(민사조정법 제27조)'된 경우 또는 민사조정법 제30조 내지 제32조에 따른 조정을 갈음하는 결정에 대하여 일정기간(민사조정법 제34조제1항)에 따른 기간 내에 이의신청을 한 경우에는 조정신청을 한 때에 소가 제기된 것으로 본다(민사조정법 제36조).

③ 이혼판결의 효력
이혼판결은 선고로서 그 효력이 발생한다(가사소송법 제12조. 민사소송법 제205조). 판결에 불복하는 경우에는 판결정본이 송달된 날부터 14일 이내에 항소할 수 있다. 다만 판결정본 송달 전에도 항소할 수 있다(가사소송법 제19조제1항).

(3) 유책주의

현재 우리나라는 재판상 이혼청구를 파탄주의가 아닌 유책주의를 따르고 있다. 즉, 유책배우자의 이혼청구를 원칙적으로 허용하지 않는다. 이에 대하여 대법원의 전원합의체 판결(다수의견)에 따르면 "이혼에 관하여 파탄주의를 채택하고 있는 여러 나라의 이혼법제는 우리나라와 달리 재판상 이혼만을 인정하고 있을 뿐 협의상 이혼을 인정하지 아니하고 있다. 우리나라에서는 유책배우자라 하더라도 상대방 배우자와 협의를 통하여 이혼을 할 수 있는 길이 열려 있다. 이는 유책배우자라도 진솔한 마음과 충분한 보상으로 상대방을 설득함으로써 이혼할 수 있는 방도가 있음을 뜻하므로, 유책배우자의 행복추구권을 위하여 재판상 이혼원인에 있어서까지 파탄주의를 도입하여야 할 필연적인 이유가 있는 것은 아니다. 우리나라에는 파탄주의의 한계나 기준, 그리고 이혼 후 상대방에 대한 부양적 책임 등에 관해 아무런 법률 조항을 두고 있지 아니하다. 따라서 유책배우자의 상대방을 보호할 입법적인 조치가 마련되어 있지 아니한 현 단계에서 파탄주의를 취하여 유책배우자의 이혼청구를 널리 인정하는 경우 유책배우자의 행복을 위해 상대방이 일방적으로 희생되는 결과가 될 위험이 크다. 유책배우자의 이혼청구를 허용하지 아니하고 있는 데에는 중혼관계에 처하게 된 법률상 배우자의 축출이혼을 방지하려는 의도도 있는데, 여러 나라에서 간통죄를 폐지하는 대신 중혼에 대한 처벌규정을 두고 있는 것에 비추어 보면 이에 대한 아무런 대책 없이 파탄주의를 도입한다면 법률이 금지하는 중혼을 결과적으로 인정하게 될 위험이 있다. 가족과 혼인생활에 관한 우리 사회의 가치관이 크게 변화하였고 여성의 사회 진출이 대폭 증가하였더라도 우리 사회가 취업, 임금, 자녀양육 등 사회경제의 모든 영역에서 양성평등이 실현되었다고 보기에는 아직 미흡한 것이 현실이다. 그리고 우리나라에서 이혼율이 급증하고 이혼에 대한 국민의 인식이 크게 변화한 것이 사실이더라도 이는 역설적으로 혼인과 가정생활에 대한 보호의 필요성이 그만큼 커졌다는 방증이고, 유책배우자의 이혼청구로 인하여 극심한 정신적 고통을 받거나 생계유지가 곤란한 경우가 엄연히 존재하는 현실을 외면해서도 아니 될 것이다(대판 2015.9.15. 2013므568 전원합의체)"라고 하고 있으므로, 여전히 파탄주의보다는 유책주의를 따르고 있음을 알 수 있다.

한편 소수의견으로 "부부공동생활관계가 회복할 수 없을 정도로 파탄된 경우에는 원칙적으로 제6호 이혼사유에 해당하지만, 이혼으로 인하여 파탄에 책임 없는 상대방 배우자가 정신적·사회적·경제적으로 심히 가혹한 상태에 놓이는 경우, 부모의 이혼이 자녀의 양육·교육·복지를 심각하게 해치는 경우, 혼인기간 중에 고의로 장기간 부양의무 및 양육의무를 저버린 경우, 이혼에 대비하여 책임재산을 은닉하는 등 재산분할, 위자료의 이행을 의도적으로 회피하여 상대방 배우자를 곤궁에 빠뜨리는 경우 등과 같이, 유책배우자의 이혼청구를 인용한다면 상대방 배우자나 자녀의 이익을 심각하게 해치는 결과를 가져와 정의·공평의 관념에 현저히 반하는 객관적인 사정이 있는 경우에는 헌법이 보장하는 혼인과 가족제도를 형해화할 우려가 있으므로, 그와 같은 객관적인 사정이 부존재하는 경우에 한하여 제6호 이혼사유가 있다고 해석하는 것이 혼인을 제도적으로 보장한 헌법정신에 부합한다"고 하여 파탄주의 주장을 눈여겨볼 필요가 있다.

(4) 유책배우자의 이혼청구사건

[대법원 2015. 9. 15. 선고 2013므568 전원합의체 판결]

[판시사항]

민법 제840조 제6호 이혼사유에 관하여 유책배우자의 이혼청구를 허용할 것인지 여부(원칙적 소극) / 예외적으로 유책배우자의 이혼청구를 허용

할 수 있는 경우 및 판단 기준

[판결요지]

[다수의견] (가) 이혼에 관하여 파탄주의를 채택하고 있는 여러 나라의 이혼법제는 우리나라와 달리 재판상 이혼만을 인정하고 있을 뿐 협의상 이혼을 인정하지 아니하고 있다. 우리나라에서는 유책배우자라 하더라도 상대방 배우자와 협의를 통하여 이혼을 할 수 있는 길이 열려 있다. 이는 유책배우자라도 진솔한 마음과 충분한 보상으로 상대방을 설득함으로써 이혼할 수 있는 방도가 있음을 뜻하므로, 유책배우자의 행복추구권을 위하여 재판상 이혼원인에 있어서까지 파탄주의를 도입하여야 할 필연적인 이유가 있는 것은 아니다.

우리나라에는 파탄주의의 한계나 기준, 그리고 이혼 후 상대방에 대한 부양적 책임 등에 관해 아무런 법률 조항을 두고 있지 아니하다. 따라서 유책배우자의 상대방을 보호할 입법적인 조치가 마련되어 있지 아니한 현 단계에서 파탄주의를 취하여 유책배우자의 이혼청구를 널리 인정하는 경우 유책배우자의 행복을 위해 상대방이 일방적으로 희생되는 결과가 될 위험이 크다.

유책배우자의 이혼청구를 허용하지 아니하고 있는 데에는 중혼관계에 처하게 된 법률상 배우자의 축출이혼을 방지하려는 의도도 있는데, 여러 나라에서 간통죄를 폐지하는 대신 중혼에 대한 처벌규정을 두고 있는 것에 비추어 보면 이에 대한 아무런 대책 없이 파탄주의를 도입한다면 법률이 금지하는 중혼을 결과적으로 인정하게 될 위험이 있다.

가족과 혼인생활에 관한 우리 사회의 가치관이 크게 변화하였고 여성의 사회 진출이 대폭 증가하였더라도 우리 사회가 취업, 임금, 자녀양육 등 사회경제의 모든 영역에서 양성평등이 실현되었다고 보기에는 아직 미흡한 것이 현실이다. 그리고 우리나라에서 이혼율이 급증하고 이혼에 대한 국민의 인식이 크게 변화한 것이 사실이더라도 이는 역설적으로 혼인과 가정생활에 대한 보호의 필요성이 그만큼 커졌다는 방증이고, 유책배우자의 이혼청구로 인하여 극심한 정신적 고통을 받거나 생계유지가 곤란한 경우가 엄연히 존재하는 현실을 외면해서도 아니 될 것이다.

(나) 이상의 논의를 종합하여 볼 때, 민법 제840조 제6호 이혼사유에 관하여 유책배우자의 이혼청구를 원칙적으로 허용하지 아니하는 종래의

대법원판례를 변경하는 것이 옳다는 주장은 아직은 받아들이기 어렵다.

유책배우자의 이혼청구를 허용하지 아니하는 것은 혼인제도가 요구하는 도덕성에 배치되고 신의성실의 원칙에 반하는 결과를 방지하려는 데 있으므로, 혼인제도가 추구하는 이상과 신의성실의 원칙에 비추어 보더라도 책임이 반드시 이혼청구를 배척해야 할 정도로 남아 있지 아니한 경우에는 그러한 배우자의 이혼청구는 혼인과 가족제도를 형해화할 우려가 없고 사회의 도덕관·윤리관에도 반하지 아니하므로 허용될 수 있다.

그리하여 상대방 배우자도 혼인을 계속할 의사가 없어 일방의 의사에 따른 이혼 내지 축출이혼의 염려가 없는 경우는 물론, 나아가 이혼을 청구하는 배우자의 유책성을 상쇄할 정도로 상대방 배우자 및 자녀에 대한 보호와 배려가 이루어진 경우, 세월의 경과에 따라 혼인파탄 당시 현저하였던 유책배우자의 유책성과 상대방 배우자가 받은 정신적 고통이 점차 약화되어 쌍방의 책임의 경중을 엄밀히 따지는 것이 더 이상 무의미할 정도가 된 경우 등과 같이 혼인생활의 파탄에 대한 유책성이 이혼청구를 배척해야 할 정도로 남아 있지 아니한 특별한 사정이 있는 경우에는 예외적으로 유책배우자의 이혼청구를 허용할 수 있다.

유책배우자의 이혼청구를 예외적으로 허용할 수 있는지 판단할 때에는, 유책배우자 책임의 태양·정도, 상대방 배우자의 혼인계속의사 및 유책배우자에 대한 감정, 당사자의 연령, 혼인생활의 기간과 혼인 후의 구체적인 생활관계, 별거기간, 부부간의 별거 후에 형성된 생활관계, 혼인생활의 파탄 후 여러 사정의 변경 여부, 이혼이 인정될 경우의 상대방 배우자의 정신적·사회적·경제적 상태와 생활보장의 정도, 미성년 자녀의 양육·교육·복지의 상황, 그 밖의 혼인관계의 여러 사정을 두루 고려하여야 한다.

[대법관 민일영, 대법관 김용덕, 대법관 고영한, 대법관 김창석, 대법관 김신, 대법관 김소영의 반대의견] (가) 이혼에 대한 사회 일반의 인식, 사회·경제적 환경의 변화와 아울러 이혼 법제 및 실무의 변화 등을 함께 종합하여 볼 때, 유책배우자의 이혼청구라는 이유만으로 민법 제840조 제6호 이혼사유에 의한 재판상 이혼청구를 제한하여야 할 필요는 상당히 감소하였다.

상대방 배우자의 혼인계속의사는 부부공동생활관계가 파탄되고 객관적으로 회복할 수 없을 정도에 이르렀는지 등을 판단할 때에 참작하여야 하는 중요한 요소라 할 수 있다. 그렇지만 그러한 의사를 참작하였음에도 부부공동생활관계가 객관적으로 회복할 수 없을 정도로 파탄되었다고 인정되는 경우에, 다시 상대방 배우자의 주관적인 의사만을 가지고 형식에 불과한 혼인관계를 해소하는 이혼청구가 불허되어야 한다고 단정하는 것은 불합리하며, 협의가 이루어지지 아니할 때의 혼인해소 절차를 규정한 재판상 이혼제도의 취지에도 부합하지 아니한다.

간통죄는 과거의 간통행위 자체에 대한 형사적인 제재인 반면 혼인파탄에 따른 이혼은 혼인의 실체가 소멸함에 따른 장래의 혼인 법률관계의 해소로서 제도의 목적과 법적 효과가 다르므로, 간통을 한 유책배우자에 대한 형사적 제재가 없어졌다고 하더라도, 민사상의 불법행위에 해당하는 간통행위로 인한 손해배상책임을 강화하는 것은 별론으로 하고, 혼인의 실체가 소멸한 법률관계를 달리 처우하여야 할 필요는 없다.

(나) 위와 같은 여러 사정들을 종합하여 보면, 혼인관계가 파탄되었음에도 유책배우자가 이혼을 청구하고 상대방이 이를 거부한다는 사정만으로 일률적으로 이혼청구를 배척하는 것은 더 이상 이혼을 둘러싼 갈등 해소에 적절하고 합리적인 해결 방안이라고 보기 어렵다.

부부공동생활관계가 회복할 수 없을 정도로 파탄된 경우에는 원칙적으로 제6호 이혼사유에 해당하지만, 이혼으로 인하여 파탄에 책임 없는 상대방 배우자가 정신적·사회적·경제적으로 심히 가혹한 상태에 놓이는 경우, 부모의 이혼이 자녀의 양육·교육·복지를 심각하게 해치는 경우, 혼인기간 중에 고의로 장기간 부양의무 및 양육의무를 저버린 경우, 이혼에 대비하여 책임재산을 은닉하는 등 재산분할, 위자료의 이행을 의도적으로 회피하여 상대방 배우자를 곤궁에 빠뜨리는 경우 등과 같이, 유책배우자의 이혼청구를 인용한다면 상대방 배우자나 자녀의 이익을 심각하게 해치는 결과를 가져와 정의·공평의 관념에 현저히 반하는 객관적인 사정이 있는 경우에는 헌법이 보장하는 혼인과 가족제도를 형해화할 우려가 있으므로, 그와 같은 객관적인 사정이 부존재하는 경우에 한하여 제6호 이혼사유가 있다고 해석하는 것이 혼인을 제도적으로 보장한 헌법 정신에 부합한다.

그리고 혼인파탄에 책임이 없는 배우자에 대하여 재판상 이혼을 허용할 경우에도, 혼인관계 파탄으로 입은 정신적 고통에 대한 위자료의 액수를 정할 때에 주된 책임이 있는 배우자의 유책성을 충분히 반영함으로써 혼인 해소에 대한 책임을 지우고 상대방 배우자에게 실질적인 손해 배상이 이루어질 수 있도록 하며, 재산분할의 비율·액수를 정할 때에도 혼인 중에 이룩한 새산관계의 청산뿐 아니라 부양적 요소를 충분히 반영하여 상대방 배우자가 이혼 후에도 혼인 중에 못지않은 생활을 보장받을 수 있도록 함으로써, 이혼청구 배우자의 귀책사유와 상대방 배우자를 위한 보호 및 배려 사이에 균형과 조화를 도모하여야 한다.

찾아보기

[저 자 약 력]

● 최 명 구

약력

독일 오스나브뤽대 법학박사(Dr. iur.)
건국대, 세종대, 상명대, 서경대, 방송통신대 강사 역임
미국 William&Mary 로스쿨 방문교수
중국 상하이대, 중국해양대 방문교수
부경대 법학과 교수
현재 부경대 법학과 명예교수

저서와 주요논문

법과 사회(대왕사, 공저), 1993
객관식 민법총칙(교서관), 1993
현대여성과 법률(진명출판사, 공저), 1996
전자상거래관련법(삼영사, 공저), 2000
생활법률(법문사, 공저), 2001
물권법의 정리(부경대출판사), 2008
여성과 법률(법문사), 2009
민법총칙(법문사), 2009

담보물권법(부경대출판사), 2010
물권법(부경대출판사), 2013
신부동산등기법(동방출판사), 2015
신물권법(동방출판사), 2016
부동산등기법(이론, 판례, 등기예규, 등기선례)
　(동방문화사), 2021
물권법(조문, 판례, 사례)(동방문화사), 2021
저당권의 물상대위의 한계 등 다수

영화와 법률산책 [제5판]

2017년　8월　30일　초판 발행
2019년　8월　15일　제2판 발행
2020년　8월　20일　제3판 발행
2023년　1월　20일　제4판 발행
2024년　8월　20일　제5판 1쇄 발행

저　자　최　　　명　　　구
발행인　배　　　효　　　선

발행처　도서출판　法 文 社

주 소　10881 경기도 파주시 회동길 37-29
등 록　1957년 12월 12일 / 제2-76호(윤)
전 화　(031)955-6500~6　Fax (031)955-6525
e-mail(영업)：bms@bobmunsa.co.kr
　　　(편집)：edit66@bobmunsa.co.kr
홈페이지 http://www.bobmunsa.co.kr

조 판　(주)성 지 이 디 피

정가 22,000원　　　　　ISBN 978-89-18-91541-8